NARRATORI DELLA FENICE

Tutti i capitoli che compongono questo libro, tranne l'ultimo,
Penombra, sono stati precedentemente pubblicati, in una prima
versione sotto forma di articoli, su « Internazionale ».

Disegno e grafica di copertina di Guido Scarabottolo

Per essere informato sulle novità
del Gruppo editoriale Mauri Spagnol visita:
www.illibraio.it

ISBN 978-88-235-1012-8

JHUMPA LAHIRI
IN ALTRE PAROLE

UGO GUANDA EDITORE
IN PARMA

IN ALTRE PAROLE

A Paola Basirico,
Angelo De Gennaro
e Alice Peretti

«... avevo bisogno di una lingua differente: una lingua che fosse un luogo di affetto e di riflessione.»

ANTONIO TABUCCHI

La traversata

Voglio attraversare un piccolo lago. È veramente piccolo, eppure l'altra sponda mi sembra troppo distante, oltre le mie capacità. So che il lago è molto profondo nel mezzo, e anche se so nuotare ho paura di trovarmi nell'acqua da sola, senza nessun sostegno.

Si trova, il lago di cui parlo, in un luogo appartato, isolato. Per raggiungerlo si deve camminare un po', attraverso un bosco silenzioso. Dall'altra parte si vede una casetta, l'unica abitazione sulla sponda. Il lago si è formato subito dopo l'ultima glaciazione, millenni fa. L'acqua è pulita ma scura, priva di correnti, più pesante rispetto all'acqua salata. Dopo che ci si entra, ad alcuni metri dalla riva, non si vede più il fondo.

Di mattina osservo quelli che vengono al lago come me. Vedo come lo attraversano in maniera disinvolta e rilassata, come si fermano qualche minuto davanti alla casetta, poi tornano indietro. Conto le loro bracciate. Li invidio.

Per un mese nuoto in tondo, senza spingermi al largo. È una distanza molto più significativa, la circonferenza rispetto al diametro. Impiego più di mezz'ora per fare questo giro. Però sono sempre vicina alla riva. Posso fermarmi, posso stare in piedi se mi stanco. Un buon esercizio, ma non certo emozionante.

Poi una mattina, verso la fine dell'estate, mi incontro lì con due amici. Ho deciso di attraversare il lago con loro, per raggiungere finalmente la casetta dall'altra parte. Sono stanca di costeggiare solamente.

Conto le bracciate. So che i miei compagni sono nell'acqua con me, ma so che siamo soli. Dopo circa centocinquanta bracciate sono già in mezzo, la parte più profonda. Continuo. Dopo altre cento rivedo il fondo.

Arrivo dall'altra parte, ce l'ho fatta senza problemi. Vedo la casetta, finora lontana, a due passi da me. Vedo le distanti, piccole sagome di mio marito, dei miei figli. Sembrano irraggiungibili, ma so che non lo sono. Dopo una traversata, la sponda conosciuta diventa la parte opposta: di qua diventa di là. Carica di energia, riattraverso il lago. Esulto.

Per vent'anni ho studiato la lingua italiana come se nuotassi lungo i bordi di quel lago. Sempre accanto alla mia lingua dominante, l'inglese. Sempre costeggiandola. È stato un buon esercizio. Benefico per i muscoli, per il cervello, ma non certo emozionante. Studiando una lingua straniera in questo modo, non si può affogare. L'altra lingua è sempre lì per sostenerti, per salvarti. Ma non basta galleggiare senza la possibilità di annegare, di colare a picco. Per conoscere una nuova lingua, per immergersi, si deve lasciare la sponda. Senza salvagente. Senza poter contare sulla terraferma.

Qualche settimana dopo aver attraversato il piccolo lago nascosto, faccio una seconda traversata. Molto più lunga, ma niente di faticoso. Sarà la prima vera partenza della mia vita. Questa volta in nave, attraverso l'oceano Atlantico, per vivere in Italia.

Il *dizionario*

Il primo libro italiano che compro è un dizionario tascabile, con definizioni in inglese. Sto per andare a Firenze per la prima volta, nel 1994. Vado in una libreria a Boston, con un nome italiano: Rizzoli. Una bella libreria, raffinata, che non c'è più. Non compro una guida turistica, anche se è la mia prima visita in Italia, anche se non conosco per niente Firenze. Grazie a un mio amico, ho già l'indirizzo di un albergo. Sono una studentessa, ho pochi soldi. Credo che un dizionario sia più importante.

Quello che scelgo ha una copertina di plastica, verde, indistruttibile, impermeabile. È leggero, più piccolo della mia mano. Ha più o meno le stesse dimensioni di una saponetta. Sul retro c'è scritto che contiene circa quarantamila parole italiane.

Quando, gironzolando per gli Uffizi, tra le gallerie quasi deserte, mia sorella si accorge di aver perso il suo cappello, apro il dizionario. Vado alla parte inglese, per apprendere come si dice cappello in italiano. In qualche modo, sicuramente sbagliato, dico a una guardia che abbiamo perso un cappello. Miracolosamente, capisce quello che dico, ed entro breve il cappello è ritrovato.

Da allora, per molti anni, ogni volta che vado in Italia, porto questo dizionario con me. Lo metto sempre in borsa. Cerco le parole quando sono per strada, quando torno in albergo dopo un giro, quando provo a leggere un articolo sul giornale. Mi guida, mi protegge, mi spiega tutto.

Diventa sia una mappa che una bussola, senza la quale so che sarei smarrita. Diventa una specie di genitore, autorevole, senza il quale non posso uscire. Lo ritengo un testo sacro, pieno di segreti, di rivelazioni.

Sulla prima pagina, a un certo punto, scrivo: «provare a = cercare di».

Questo frammento casuale, questa equazione lessicale, può essere una metafora dell'amore che provo per l'italiano. Una cosa che, alla fine, non è altro che un ostinato tentativo, una prova continua.

Vent'anni dopo aver comprato il primo dizionario, decido di trasferirmi a Roma per una lunga permanenza. Prima di partire, chiedo a un mio amico, che ha vissuto lì per parecchi anni, se mi serve un dizionario elettronico in italiano, tipo un'app per il cellulare, per cercare una parola in qualsiasi momento.

Ride. Mi dice: «Tra poco abiterai dentro un dizionario italiano».

Ha ragione. Dopo un paio di mesi a Roma, pian piano mi rendo conto di non controllare il dizionario tanto spesso. Quando esco, tende a restare in borsa, chiuso. Di conseguenza comincio a lasciarlo a casa. Mi accorgo di una svolta. Di un senso di libertà, e al contempo di perdita. Di esser cresciuta, almeno un po'.

Oggi ho tanti altri dizionari sulla mia scrivania, più grandi, corposi. Ne ho due monolingue, senza alcun termine inglese. Ormai la copertina di quello piccolino appare un po' sbiadita, un po' sporca. Le pagine sono ingiallite. Alcune si stanno staccando dalla rilegatura.

Resta, di solito, sul comodino, così posso controllare facilmente una parola sconosciuta mentre leggo. Questo libro mi permette di leggerne altri, di aprire la porta di una nuova lingua. Mi accompagna, ancora adesso, quando vado in vacanza, durante i viaggi. È diventato una necessità. Se per caso, quando parto, dimentico di portarlo con me, mi sento un po' a disagio, così come mi sentirei se dimenticassi lo spazzolino da denti o un paio di calze di ricambio.

Ormai quel dizionarietto sembra più un fratello che un genitore. Eppure mi serve, mi guida ancora. Rimane pieno di segreti. Rimane sempre, questo piccolo libro, più grande di me.

Il colpo di fulmine

Nel 1994, quando con mia sorella decidiamo di regalarci un viaggio in Italia, scegliamo Firenze. Sto studiando, a Boston, l'architettura del Rinascimento: la Cappella Pazzi di Brunelleschi, la Biblioteca medicea-laurenziana di Michelangelo. Arriviamo a Firenze all'imbrunire, qualche giorno prima di Natale. Faccio la prima passeggiata al buio. Mi trovo in un luogo intimo, sobrio, gioioso. Negozi addobbati per la stagione. Stradine strette, stipate di gente. Alcune sembrano più corridoi che strade. Ci sono turisti come me e mia sorella, ma non tanti. Vedo le persone che vivono qui da sempre. Camminano in fretta, indifferenti ai palazzi. Attraversano le piazze senza fermarsi.

Io sono venuta per una settimana, per vedere i palazzi, per ammirare le piazze, le chiese. Ma dall'inizio il mio rapporto con l'Italia è tanto uditivo quanto visuale. Benché ci siano poche macchine, la città ronza. Mi rendo conto di un rumore che mi piace, delle conversazioni, delle frasi, delle parole che sento ovunque vada. Come se tutta la città fosse un teatro che ospita un pubblico leggermente inquieto, che chiacchiera, prima dell'inizio di uno spettacolo.

Sento l'eccitazione con cui i bambini si augurano buon Natale per la strada. Sento una mattina all'albergo la tenerezza con cui la donna che pulisce la camera mi chiede: *avete dormito bene?* Quando un signore dietro di me vorrebbe passare sul marciapiede, sento la lieve impazienza con cui mi domanda: *permesso?*

Non riesco a rispondere. Non sono capace di avere nessun dialogo. Ascolto. Quello che sento, nei negozi, nei ristoranti, desta una reazione istantanea, intensa, paradossale. L'italiano sembra già dentro di me e, al tempo stesso, del tutto esterno. Non sembra una lingua straniera, benché io sappia che lo è. Sembra, per quanto possa apparire strano, familiare. Riconosco qualche cosa, nonostante non capisca quasi nulla.

Cosa riconosco? È bella, certo, ma non c'entra la bellezza. Sembra una lingua con cui devo avere una relazione. Sembra una persona che incontro un giorno per caso, con cui sento subito un legame, un affetto. Come se la conoscessi da anni, anche se c'è ancora tutto da scoprire. So che sarei insoddisfatta, incompleta, se non la imparassi. Mi rendo conto che esiste uno spazio dentro di me per farla stare comoda.

Sento una connessione insieme a un distacco. Una vicinanza insieme a una lontananza. Quello che provo è qualcosa di fisico, di inspiegabile. Suscita una smania indiscreta, assurda. Una tensione squisita. Un colpo di fulmine.

Trascorro la settimana a Firenze a due passi dalla casa di Dante. Un giorno, vado a vedere la piccola chiesa, Santa Margherita dei Cerchi, dove si trova la tomba di Beatrice. L'amata, l'ispirazione del poeta, sempre irraggiungibile. Un amore inappagato, segnato dalla distanza, dal silenzio.

Non avrei un vero bisogno di conoscere questa lingua. Non vivo in Italia, non ho amici italiani. Ho solo il desiderio. Ma alla fine un desiderio non è altro che un bisogno folle. Come in tanti rapporti passionali, la mia infatuazione diventerà una devozione, un'ossessione. Ci sarà sempre qualcosa di squilibrato, di non corrisposto. Mi sono innamorata, ma ciò che amo resta indifferente. La lingua non avrà mai bisogno di me.

Alla fine della settimana, dopo aver visto tanti palazzi, tanti affreschi, torno in America. Porto con me delle cartoline, dei regalini, per ricordare il viaggio. Eppure il ricordo più chiaro, più vivo, è qualcosa di immateriale. Quando penso all'Italia, sento di nuovo certe parole, certe frasi. Sento la loro mancanza. Questa mancanza mi spinge, pian piano, a imparare la lingua. Mi sento sia incalzata dal desiderio sia esitante, timida. Chiedo all'italiano, con una lieve impazienza: *permesso?*

L'esilio

La mia relazione con l'italiano si svolge in esilio, in uno stato di separazione.

Ogni lingua appartiene a un luogo specifico. Può migrare, può diffondersi. Ma di solito è legata a un territorio geografico, un Paese. L'italiano appartiene soprattutto all'Italia, mentre io vivo in un altro continente, dove non lo si può incontrare facilmente.

Penso a Dante, che attese per nove anni prima di parlare con Beatrice. Penso a Ovidio, bandito da Roma in un luogo remoto. In un avamposto linguistico, circondato da suoni alieni.

Penso a mia madre, che scrive poesie in bengalese, in America. Lei non può trovare, perfino quasi cinquant'anni dopo che vi si è trasferita, un libro scritto nella sua lingua.

In un certo senso mi sono abituata a una specie di esilio linguistico. La mia lingua madre, il bengalese, in America è straniera. Quando si vive in un Paese in cui la propria lingua è considerata straniera, si può provare un senso di straniamento continuo. Si parla una lingua segreta, ignota, priva di corrispondenze con l'ambiente. Una mancanza che crea una distanza dentro di sé.

Nel mio caso c'è un'altra distanza, un altro scisma. Non conosco il bengalese alla perfezione. Non so leggerlo, neanche scriverlo. Parlo con un accento, senza autorità, per cui ho sempre percepito una sconnessura tra me ed esso. Di conseguenza ritengo che la mia lingua madre sia anche, paradossalmente, una lingua straniera.

In quanto all'italiano, l'esilio ha un aspetto diverso. Non appena ci siamo conosciuti, io e l'italiano ci siamo allontanati. La mia nostalgia sembra una sciocchezza. Eppure, la sento.

Com'è possibile, sentirmi esiliata da una lingua che non è la mia? Che non conosco? Forse perché io sono una scrittrice che non appartiene del tutto a nessuna lingua.

Compro un libro. S'intitola *Teach Yourself Italian*. Un titolo esortativo, pieno di speranza, di possibilità. Come se fosse possibile imparare da soli.

Avendo studiato il latino per molti anni, trovo i primi capitoli di questo manuale abbastanza facili. Riesco a memorizzare qualche coniugazione, a fare gli esercizi. Ma non mi piace il silenzio, l'isolamento del processo autodidattico. Sembra distaccato, sbagliato. Come se studiassi il funzionamento di uno strumento musicale, senza mai suonarlo.

Decido, all'università, di scrivere la mia tesi di dottorato sull'influenza dell'architettura italiana su alcuni drammaturghi inglesi del diciassettesimo secolo. Mi chiedo la ragione per cui certi drammaturghi abbiano deciso di ambientare le loro tragedie, scritte in inglese, nei palazzi italiani. La tesi parlerà di un altro scisma tra la lingua e l'ambiente. L'argomento mi dà un secondo motivo per studiare l'italiano.

Frequento corsi elementari. La prima insegnante è una signora milanese che vive a Boston. Faccio i compiti, supero gli esami. Ma quando provo a leggere *La ciociara* di Moravia, dopo due anni di studi, la capisco a malapena. Sottolineo quasi ogni parola su ogni pagina. Devo controllare continuamente il dizionario.

Nella primavera del 2000 vado a Venezia, sette anni dopo il mio viaggio a Firenze. Porto con me, oltre al dizionario, un taccuino in cui prendo, sull'ultima pagina, appunti che potrebbero essere utili: *saprebbe dirmi? Dove si trova? Come si fa per andare?* Mi ricordo la differenza tra *buono* e *bello*. Mi sento preparata. In realtà, a Venezia, riesco appena a chiedere un'indicazione per la strada, una sveglia all'albergo. Riesco a ordinare in un ristorante e scambiare due parole con una commessa. Nulla di più. Nonostante sia tornata in Italia, mi sento ancora esiliata dalla lingua.

Qualche mese dopo ricevo un invito al Festival della letteratura di Mantova. Lì incontro i miei primi editori italiani. Una di loro è, inoltre, la mia traduttrice. La casa editrice ha un nome spagnolo, Marcos y Marcos. Loro sono italiani. Si chiamano Marco e Claudia.

Devo fare tutte le interviste, le mie presentazioni, in inglese. C'è sempre un interprete accanto a me. Seguo più o meno l'italiano, ma non riesco a esprimermi, spiegarmi, senza l'inglese. Mi sento limitata. Non è sufficiente ciò che ho imparato in America, in aula. La mia comprensione è talmente scarna che, qui in Italia, non mi aiuta. La lingua sembra, tuttora, un cancello chiuso. Sono sulla soglia, vedo all'interno, ma il cancello non si apre.

Marco e Claudia mi danno la chiave. Quando menziono di aver studiato un po' d'italiano, e che vorrei migliorarlo, smettono di parlare con me in inglese. Passano alla loro lingua, benché io riesca a rispondere solo in modo semplicissimo. Malgrado tutti i miei errori, malgrado io non capisca completamente quello che dicono. Malgrado il fatto

28

che loro parlano inglese molto meglio di quanto io parli italiano.

Loro tollerano i miei sbagli. Mi correggono, mi incoraggiano, mi forniscono le parole che mi mancano. Parlano con chiarezza, con pazienza. Così come i genitori con i loro bambini. Come si impara la lingua madre. Mi rendo conto di non aver imparato l'inglese in questa maniera.

Claudia e Marco, che hanno tradotto e pubblicato il mio primo libro in italiano, e che mi ospitano in Italia per la prima volta da scrittrice, mi regalano questa svolta. Grazie a loro, a Mantova, mi trovo finalmente dentro la lingua. Perché alla fine per imparare una lingua, per sentirsi legati a essa, bisogna avere un dialogo, per quanto infantile, per quanto imperfetto.

Le conversazioni

Tornata in America, voglio continuare a parlare italiano. Ma con chi? Conosco alcune persone a New York che lo sanno alla perfezione. Mi vergogno a parlare con loro. Mi serve qualcuno con cui posso stentare, posso fallire.

Un giorno vado alla New York University, all'istituto d'italiano, per intervistare una celebre scrittrice romana che ha vinto il premio Strega. Mi trovo in una sala strapiena, in cui tutti parlano un italiano impeccabile tranne me.

Mi accoglie il direttore. Gli dico che avrei voluto fare l'intervista in italiano. Che ho studiato la lingua anni fa, ma non riesco a parlare bene.

«Bisogno praticare» gli dico.

«Hai bisogno di pratica» mi risponde gentilmente.

Nel 2004 mio marito mi dà una cosa. Un pezzettino di carta strappato da un annuncio, visto per caso, per strada, nel nostro quartiere a Brooklyn. C'è scritto: «Imparare l'italiano». Lo consi-

31

dero un segnale. Chiamo il numero, fisso un appuntamento. Arriva a casa mia una donna simpatica, energica, anche lei di origine milanese. Insegna ai bambini in una scuola privata, abita in periferia. Mi chiede come mai io voglia imparare la lingua.

Spiego che andrò, in estate, a Roma, per partecipare a un altro festival letterario. Sembra un motivo ragionevole. Non rivelo che l'italiano è un mio estro. Che covo una speranza – anzi, il sogno – di conoscerlo bene. Non faccio capire che sto cercando un modo per tener viva una lingua che non c'entra con la mia vita. Che mi angoscio, che mi sento incompleta. Come se l'italiano fosse un libro che non riesco, per quanto lavori, a realizzare.

Ci vediamo una volta alla settimana, per un'oretta. Sono incinta di mia figlia, che nascerà a novembre. Provo a fare due chiacchiere. Alla conclusione di ogni lezione, lei mi dà una lunga lista di parole che mi mancavano durante la conversazione. La ripasso assiduamente. La metto in una cartella. Non riesco a ricordarmele.

Al festival di Roma riesco a scambiare tre, quattro, magari cinque frasi con qualcuno. Dopodiché mi fermo; non mi è possibile fare di più. Conto le frasi, come se fossero i colpi durante una partita di tennis, come se fossero le bracciate quando si impara a nuotare.

Torniamo alla metafora del lago, quello che voglio attraversare. Ora posso camminare nell'acqua, fino al ginocchio, fino alla vita. Ma devo ancora poggiare i piedi sul fondo. Appunto, sono costretta a fare ciò che fanno quelli che non sanno nuotare.

Nonostante le conversazioni, la lingua resta un elemento sfuggente, evanescente. Compare solo grazie all'insegnante. Lei la rende presente a casa mia per un'ora, poi la porta via. Sembra concreta, palpabile, solo quando sono insieme a lei.

Nasce mia figlia, passano altri quattro anni. Porto a termine un altro libro. Dopo la pubblicazione nel 2008, ricevo un altro invito in Italia, per promuoverlo. Per prepararmi trovo una nuova insegnante. Una giovane entusiasta, premurosa, di Bergamo. Anche lei viene una volta alla settimana da me. Parliamo sul divano, una accanto all'altra. Facciamo amicizia. La mia comprensione migliora sporadicamente. L'insegnante mi incoraggia molto, mi dice che parlo bene la lingua, dice che in Italia ce la farò. Ma non è vero. Quando vado a Milano, quando provo a parlare in modo intelligente, in modo scorrevole, mi rendo sempre conto degli sbagli che mi impacciano, che mi confondono, e mi sento avvilita più che mai.

Nel 2009 inizio a studiare con la terza insegnante privata. Una signora veneziana che si è trasferita a Brooklyn più di trent'anni fa, che ha cresciuto i suoi figli in America. Vedova, abita con un cane mansueto, sempre ai suoi piedi, in una casa circondata dal glicine, vicina al ponte di Verrazzano. Ci metto quasi un'ora per raggiungerla. Prendo la metropolitana fino al confine di Brooklyn, quasi al capolinea.

Amo questo viaggio. Esco da casa, lascio alle spalle il resto della mia vita. Non penso alla mia scrittura. Dimentico, per qualche ora, le altre lingue che conosco. Sembra, ogni volta, una piccola fuga. Mi aspetta un luogo in cui conta solo l'italiano. Un riparo da cui si sprigiona una nuova realtà.

Sono molto affezionata alla mia insegnante. Sebbene per quattro anni ci diamo del lei, abbiamo un rapporto stretto, familiare. Sediamo al suo piccolo tavolo, su una panca di legno in cucina. Vedo i suoi libri sugli scaffali, le foto dei suoi nipotini. Magnifiche pentole di ottone appese alle pareti. Ricomincio, a casa sua, da capo: il periodo ipotetico, il discorso indiretto, l'uso della forma passiva. Con lei il mio progetto sembra più possibile che impossibile. Con lei la mia strana dedizione alla lingua sembra più una vocazione che una sciocchezza.

Parliamo delle nostre vite, dello stato del mondo. Facciamo una valanga di esercizi, aridi ma necessari. L'insegnante mi corregge continuamente. Ascoltandola, prendo appunti su un taccuino. Dopo le lezioni mi sento sia spossata sia già pronta per la prossima. Dopo averla salutata, dopo aver chiuso il cancello dietro di me, non vedo l'ora di tornare.

A un certo punto le lezioni con l'insegnante veneziana diventano il mio impegno preferito. Studiando con lei, diventa chiaro il prossimo passo inevitabile in questo mio strambo viaggio linguistico. A un certo punto, decido di trasferirmi in Italia.

La rinuncia

Scelgo Roma. Una città che mi affascina fin da piccola, che mi conquista subito. La prima volta in cui ci sono stata, nel 2003, ho provato un senso di rapimento, un'affinità. Mi sembrava di conoscerla già. Sapevo, dopo solo un paio di giorni, di essere destinata a vivere lì.

A Roma non ho ancora amici. Ma non ci vado per far visita a qualcuno. Vado per cambiare strada, e per raggiungere la lingua italiana. A Roma l'italiano può accompagnarmi ogni giorno, ogni minuto. Sarà sempre presente, rilevante. Cesserà di essere un interruttore da accendere talvolta, poi spegnere.

Per prepararmi, decido, sei mesi prima della partenza, di non leggere più in inglese. D'ora in poi, mi impegno a leggere soltanto in italiano. Mi sembra giusto, distaccarmi dalla mia lingua principale. La ritengo una rinuncia ufficiale. Sto per diventare un pellegrino linguistico a Roma. Credo sia necessario che mi lasci alle spalle qualcosa di familiare, di essenziale.

A un tratto tutti i miei libri non mi servono più. Sembrano oggetti qualsiasi. Sparisce l'ancora della mia vita creativa, recedono le stelle che mi guidavano. Vedo, davanti a me, una stanza nuova, vuota.

Ogni volta che posso, nello studio, sulla metropolitana, a letto prima di dormire, mi immergo nell'italiano. Entro in un altro territorio, inesplorato, lattiginoso. Una specie di esilio volontario. Sebbene mi trovi ancora in America, mi sento già altrove. Mentre leggo mi sento un'ospite, felice ma disorientata. Come lettrice non mi sento più a casa.

Leggo *Gli indifferenti* e *La noia* di Moravia. *La luna e i falò* di Pavese. Le poesie di Quasimodo, di Saba. Riesco a capire e al contempo non capire. Rinuncio alla perizia per sfidarmi. Baratto la certezza con l'incertezza.

Leggo con lentezza, con scrupolo. Con difficoltà. Ogni pagina sembra leggermente coperta dalla foschia. Gli impedimenti mi stimolano. Ogni nuova costruzione sembra una meraviglia. Ogni parola sconosciuta, un gioiello.

Faccio un elenco di termini da controllare, da imparare. *Imbambolato*, *sbilenco*, *incrinatura*, *ca-*

pezzale. Sgangherato, scorbutico, barcollare, bistic-ciare. Dopo aver terminato un libro, mi emoziono. Mi pare un'impresa. Trovo il processo più impegnativo, eppure più soddisfacente, quasi miracoloso. Non posso dare per scontata la mia capacità di farlo. Leggo come facevo da ragazzina. Così da adulta, da scrittrice, riscopro il piacere di leggere. In questo periodo mi sento una persona divisa. La mia scrittura non è che una reazione, una risposta alla lettura. Insomma, una specie di dialogo. Le due cose sono strettamente legate, interdipendenti.

Adesso, però, scrivo in una lingua, mentre leggo esclusivamente in un'altra. Sto per ultimare un romanzo, per cui sono per forza immersa nel testo. Non è possibile abbandonare l'inglese. Tuttavia, la mia lingua più forte sembra già dietro di me.

Mi viene in mente Giano bifronte. Due volti che guardano allo stesso tempo il passato e il futuro. L'antico dio della soglia, degli inizi e delle fini. Rappresenta i momenti di transizione. Veglia sui cancelli, sulle porte. Un dio solo romano, che protegge la città. Un'immagine singolare che sto per incontrare ovunque.

Leggere con il dizionario

Di solito quando leggo in italiano non uso il dizionario. Solo una penna per sottolineare le parole che non conosco, le frasi che mi colpiscono. Quando incontro una nuova parola viene il momento di decidere. Potrei fermarmi un attimo per impararla subito, potrei segnarla e andare avanti, oppure ignorarla. Come certi volti tra la gente che si vede ogni giorno per la strada, alcune parole, per qualche ragione, risaltano, quindi lasciano un'impressione su di me. Altre restano sullo sfondo, trascurabili.

Dopo aver finito un libro torno al testo per controllare assiduamente le parole. Mi siedo sul divano su cui sono sparsi il libro, il taccuino, alcuni dizionari, una penna. Richiede tempo, questo mio incarico zelante e rilassante. Non scrivo le definizioni in margine. Faccio un elenco sul taccuino. Prima, le definizioni erano in inglese. Ormai sono in italiano. Così creo una specie di dizionario personale, un vocabolario privato che traccia il percorso della mia lettura. Di tanto in tanto sfoglio il taccuino per ripassare le parole.

Trovo che questa lettura sia più intima, più intensa di quella in inglese, precisamente perché io e la nuova lingua ci conosciamo da poco. Non veniamo dallo stesso posto, dalla stessa famiglia. Non siamo cresciute una accanto all'altra. Nel sangue, dentro le ossa, questa lingua non c'è. Nei confronti dell'italiano, sono attratta e al contempo intimidita. Resta un mistero, amato, impassibile. Di fronte alla mia emozione, non reagisce.

Le parole sconosciute mi ricordano che c'è tanto che non conosco in questo mondo.

Talvolta una parola può suscitare una reazione bizzarra. Un giorno, per esempio, scopro il termine *claustrale*. Posso azzardare il significato ma vorrei esserne certa. Mi trovo sul treno. Controllo il dizionario tascabile. La parola non c'è. Sono all'improvviso presa, stregata da questa parola. Voglio conoscerla subito. Finché non la capirò mi sento vagamente irrequieta. Per quanto sia un'idea irrazionale, sono convinta che scoprire cosa vuol dire possa cambiare la mia vita.

Credo che ciò che può cambiare la vita esista sempre al di fuori di noi.

Dovrei sognare un giorno, in futuro, in cui non mi serviranno più il dizionario, il taccuino, la penna? Un giorno in cui poter leggere in italiano senza gli attrezzi, così come leggo in inglese? Non dovrebbe essere l'obiettivo di tutto questo?

Penso di no. In italiano sono una lettrice più attiva, più coinvolta, anche se più inesperta. Mi piace lo sforzo. Preferisco le limitazioni. So che mi serve, in qualche modo, la mia ignoranza.

Nonostante le limitazioni, mi rendo conto di quanto l'orizzonte sia sconfinato. Leggere in un'altra lingua implica uno stato perpetuo di crescita, di possibilità. So che il mio lavoro, da apprendista, non finirà mai.

Quando ci si sente innamorati, si vuole vivere per sempre. Si vagheggia che l'emozione, l'entusiasmo che si prova, duri. Leggere in italiano mi provoca una brama simile. Non voglio morire perché la mia morte significherebbe la fine della mia scoperta della lingua. Perché ogni giorno ci sarà una nuova parola da imparare. Così il vero amore può rappresentare l'eternità.

Ogni giorno, leggendo, trovo delle parole nuove. Qualcosa da sottolineare, poi trasferire sul taccuino. Mi fa pensare al giardiniere che strappa le erbacce. Così come il giardiniere, so che il mio lavoro in fin dei conti è una follia. Qualcosa di disperato. Quasi, direi, una fatica di Sisifo. Non è possibile, per il giardiniere, controllare alla perfezione la natura. Allo stesso modo non mi è possibile conoscere, per quanto voglia, ogni parola italiana.

Ma tra me e il giardiniere c'è una differenza sostanziale. Le erbacce, per il giardiniere, non sono qualcosa di desiderato. Sono da sradicare, da buttar via. Io invece raccolgo le parole. Voglio tenerle in mano, voglio possederle.

Quando scopro un modo diverso per esprimermi provo una specie di estasi. Le parole sconosciute rappresentano un abisso vertiginoso, fecondo. Un abisso che contiene tutto ciò che mi sfugge, tutto il possibile.

Il raccolto delle parole

Sono di continuo a caccia di parole.

Descriverei il processo così: ogni giorno entro in un bosco con un cestino in mano. Trovo le parole tutt'attorno: sugli alberi, nei cespugli, per terra (in realtà: per la strada, durante le conversazioni, mentre leggo). Ne raccolgo quante più possibile. Ma non bastano, ho un appetito insaziabile.

Raccolgo sia quelle che mi sembrano oscure (*sciagura, spigliatezza*) sia quelle che riesco facilmente a capire ma vorrei conoscere meglio (*inviperito, stralunato*). Raccolgo delle belle parole che non hanno equivalenti in inglese (*formicolare, chiarore*). Raccolgo una valanga di aggettivi (*malmesso, plumbeo, impiastricciate*) per descrivere migliaia di situazioni. Raccolgo innumerevoli sostantivi e avverbi che non mi serviranno mai.

Alla fine della giornata il cestino è pesante, traboccante. Mi sento carica, arricchita, frizzante. Sembrano più preziose dei soldi, le mie parole.

Mi sento una mendicante che scopre un mucchio d'oro, un sacco di gemme.

Ma quando esco dal bosco, quando vedo il cestino, rimane appena una manciata di parole. La maggior parte sparisce. Evaporano nell'aria, colano come l'acqua tra le dita. Perché il cestino non è altro che la memoria, e la memoria mi tradisce, la memoria non regge.

Sento un legame con ogni parola che raccolgo. Provo affetto, insieme a un senso di responsabilità. Quando non riesco a ricordarle, temo di averle abbandonate.

Mi sento svuotata, abbattuta, come ci si sente la mattina dopo un sogno favoloso. Il bosco sembra un paradiso, un'allucinazione. Poi mi sveglio.

Benché sconfitta, non mi sento troppo scoraggiata. Semmai, mi sento ancora più determinata. Il giorno dopo, ritorno nel bosco. Non credo che il mio progetto sia uno spreco di tempo. So che il bello è il gesto di raccogliere, non il risultato.

Tuttavia non è sufficiente, neanche soddisfacente, radunare soltanto le parole sul taccuino. Voglio usarle. Voglio attingervi quando ne ho bisogno. Voglio entrare in contatto con loro. Voglio che diventino una parte di me.

Ripasso le parole per impararle, per memorizzarle. Ci penso mentre dialogo con qualcuno. So che ci sono, scritte a mano sul taccuino. Se fossi un genio, ricorderei tutto, così potrei conversare in maniera molto più precisa, sciolta. Ma quando mi servono, le parole sono elusive, imprendibili. Esistono sulla pagina ma non entrano nel cervello, quindi non escono dalla bocca. Restano sul taccuino, incastrate, inutili. Mi accorgo solo del fatto di averle notate.

Rileggendo il taccuino, mi rendo conto di certe parole che devo scrivere più di una volta, che resistono alla mia memoria. Semplici ma ostinate (*fruscio*, *schianto*, *arguto*, *broncio*), forse non vogliono avere alcun rapporto con me.

Tutte le parole dentro il taccuino sono il segno di una crescita fisica, metodica. Mi vengono in mente le prime settimane di vita dei miei figli, un periodo in cui andavo dalla pediatra ogni settimana per controllare il loro peso. Ogni grammo è stato notato, valutato. Ciascuno è stato prova concreta della loro presenza sulla terra, della loro esistenza. La mia comprensione dell'italiano cresce in modo simile. Acquisisco il mio vocabolario giorno per giorno, parola per parola.

Eppure, il mio lessico si sviluppa senza logica, in maniera guizzante, fugace. Le parole si presentano, mi accompagnano per un po', poi, spesso senza preavviso, mi abbandonano.

Il taccuino racchiude tutto il mio entusiasmo per la lingua. Tutto lo sforzo. Uno spazio in cui posso vagabondare, imparare, dimenticare, fallire. In cui posso sperare.

Il *diario*

Arrivo a Roma con la mia famiglia, qualche giorno prima di ferragosto. Non conosciamo questa abitudine di partire in massa. Nel momento in cui quasi tutti scappano via, in cui quasi tutta la città è ferma, proviamo a iniziare un nuovo capitolo della nostra vita.

Affittiamo un appartamento in via Giulia. Una strada elegantissima, a metà agosto desolata. Fa un caldo feroce, insopportabile. Quando usciamo per fare spese, cerchiamo, ogni due passi, il momentaneo sollievo dell'ombra.

La seconda sera, un sabato, rientrando a casa la porta non si apre. Prima si apriva senza problemi. Ora, per quanto provi, la chiave non gira dentro la serratura.

Non c'è nessuno nel palazzo eccetto noi. Siamo senza documenti, ancora senza un telefono funzionante, senza alcun amico o conoscente romano. Chiedo aiuto all'albergo di fronte al palazzo, ma neanche due dei loro impiegati riescono ad aprire la porta. I nostri padroni di casa sono in vacanza in Calabria. I miei figli, sconvolti, affamati, dicono piangendo che vogliono tornare subito in America.

Alla fine viene un tecnico che apre la porta in un paio di minuti. Gli diamo più di duecento euro, senza fattura, per il servizio.

Questo trauma mi pare sia una prova del fuoco, una sorta di battesimo. Ma ci sono parecchi altri ostacoli, piccoli ma scoccianti. Non sappiamo dove portare la differenziata, come comprare una tessera per i mezzi pubblici, dove fermano gli autobus. Tutto va imparato da zero. Se chiedessimo indicazioni a tre romani, ognuno dei tre ci darebbe una risposta diversa. Mi sento scombussolata, spesso schiacciata. Nonostante il mio grande entusiasmo per il fatto di vivere a Roma, ogni cosa sembra impossibile, indecifrabile, impenetrabile.

Una settimana dopo essere arrivata, il sabato dopo quel sabato sera indimenticabile, apro il mio diario per descrivere le nostre disavventure. Quel sabato, faccio qualcosa di strano, inaspettato. Scrivo il diario in italiano. Lo faccio in modo quasi automatico, spontaneo. Lo faccio perché quando prendo la penna in mano, non sento più l'inglese nel cervello. In questo periodo in cui tutto mi confonde, tutto mi turba, cambio la lingua in cui scrivo. Inizio a raccontare, nel modo più impegnativo, tutto ciò che mi mette allá prova.

Scrivo in un italiano bruttissimo, scorretto, imbarazzante. Senza controllo, senza dizionario, soltanto d'istinto. Vado a tentoni, come un bambino, come una semianalfabeta. Mi vergogno di scrivere così. Non capisco questo impulso misterioso che sbuca dal nulla. Non riesco a smettere.

È come se scrivessi con la mano sinistra, la mia mano debole, quella con cui non devo scrivere. Sembra una trasgressione, una ribellione, una stupidaggine.

Durante i primi mesi a Roma, il mio diario clandestino in italiano è l'unica cosa che mi consola, che mi dà stabilità. Spesso, a notte fonda, sveglia, inquieta, vado alla scrivania per comporre qualche paragrafo in italiano. È un progetto segretissimo. Nessuno sospetta, nessuno sa.

Non riconosco la persona che sta scrivendo in questo diario, in questa nuova lingua approssimativa. Ma so che è la parte più schietta, più vulnerabile di me.

Prima di trasferirmi a Roma scrivevo di rado in italiano. Tentavo di comporre qualche lettera a una mia amica italiana che vive a Madrid, qualche email alla mia insegnante. Sembravano esercizi formali, artificiali. Non sembrava la mia voce. In America non lo era.

A Roma, però, scrivere in italiano sembra l'unico modo di sentirmi presente qui – magari di avere una connessione, soprattutto come scrittrice, con l'Italia. Il nuovo diario, per quanto imperfetto, per quanto crivellato di errori, rispecchia chiaramente il mio disorientamento. Riflette una transizione radicale, uno stato di smarrimento totale.

Nei mesi prima di venire in Italia, cercavo un'altra direzione per la mia scrittura. Volevo un nuovo approccio. Non sapevo che la lingua che avevo studiato pian piano per parecchi anni in America mi avrebbe dato, alla fine, l'indicazione.

Esaurisco un quaderno, ne comincio un altro. Mi viene in mente una seconda metafora: come se, poco attrezzata, scalassi una montagna. È una sorta di sopravvivenza letteraria. Non ho molte parole per esprimermi, tutt'altro. Mi rendo conto di uno stato di deprivazione. Eppure, al contempo, mi sento libera, leggera. Riscopro la ragione per cui scrivo, la gioia insieme all'esigenza. Ritrovo il piacere che provo fin da ragazzina: mettere delle parole in un quaderno, che nessuno leggerà.

In italiano scrivo senza stile, in modo primitivo. Sono sempre in dubbio. Ho soltanto l'intenzione, insieme a una fede cieca ma sincera, di essere capita e di capire me stessa.

Il racconto

Il diario mi fornisce la disciplina, l'abitudine di scrivere in italiano. Ma scrivere soltanto un diario equivale a rinchiudermi in casa, parlando con me stessa. Quello che vi esprimo resta una narrazione privata, interiore. A un certo punto, malgrado il rischio, voglio uscirne.

Inizio con brevissimi pezzi, di solito non più di una pagina scritta a mano. Cerco di focalizzare qualcosa di specifico: una persona, un momento, un luogo. Faccio quello che chiedo ai miei studenti quando mi capita di insegnare scrittura creativa. Spiego loro che frammenti del genere sono i primi passi da fare prima di costruire un racconto. Credo che uno scrittore debba osservare il mondo reale prima di immaginarne uno inesistente.

I miei pezzettini italiani non sono altro che inezie. Eppure lavoro sodo per tentare di perfezionarli. Do il primo pezzo al mio nuovo insegnante d'italiano a Roma. Quando me lo restituisce, sono mortificata. Vedo solo errori, solo problemi.

Vedo una catastrofe. Quasi ogni frase va modificata. Correggo la prima bozza a penna rossa. Alla fine della lezione, la pagina contiene tanto inchiostro rosso quanto nero.

Non ho mai tentato, da scrittrice, di fare qualcosa di così impegnativo. Trovo che il mio progetto sia talmente arduo che sembra quasi sadico. Devo ricominciare da capo, come se non avessi mai scritto nulla nella mia vita. Ma, per essere precisi, non mi trovo al punto di partenza: mi trovo invece in un'altra dimensione dove sono senza riferimenti, senza corazza. Dove non mi sono mai sentita così stupida.

Anche se ormai parlo la lingua abbastanza bene, la lingua parlata non mi aiuta. Una conversazione implica una specie di collaborazione e, spesso, un atto di perdono. Quando parlo posso sbagliarmi ma, in qualche modo, riesco a spiegarmi. Sulla pagina sono sola. La lingua parlata è una specie di anticamera rispetto a quella scritta, la quale ha una propria logica, ancora più severa, più inafferrabile.

Nonostante l'umiliazione, continuo. Per la lezione successiva, preparo qualcosa di diverso. Perché sepolto sotto tutti gli errori, tutti gli spigoli, c'è qualcosa di prezioso. Una nuova voce, grezza ma viva, da migliorare, da approfondire.

Un giorno mi trovo in una biblioteca in cui non mi sento molto a mio agio, dove di solito non riesco a lavorare bene. Lì, a una scrivania anonima, mi viene in mente un racconto intero in italiano. Viene in un lampo. Ascolto le frasi nel cervello. Non so da dove vengano, non so come io riesca a sentirle. Scrivo in fretta nel quaderno; temo che tutto sparirà prima che io possa buttarlo giù. Tutto si dipana tranquillamente. Non uso il dizionario. Impiego circa due ore per scrivere la prima metà del racconto. Il giorno dopo ritorno alla stessa biblioteca per un altro paio d'ore, per terminarlo.

Mi accorgo di una spaccatura, insieme a una nascita. Ne sono stordita.

Non mi capita mai di scrivere un racconto in questa maniera. In inglese posso rimuginare quello che scrivo, posso fermarmi dopo ogni frase per cercare le parole giuste, per riordinarle, per cambiare mille volte idea. La mia comprensione dell'inglese è sia un vantaggio sia un intralcio. Riscrivo tutto come una pazza finché non mi soddisfa, mentre in italiano, come un soldato nel deserto, devo semplicemente andare avanti.

Dopo aver ultimato il racconto, preparo una copia al computer. Per la prima volta lavoro sullo schermo in italiano. Le dita sono tese. Non sanno come muoversi sulla tastiera.

So che ci saranno tantissime cose da correggere, da riscrivere.

So che la mia vita, in quanto scrittrice, non sarà più la stessa.

Il racconto s'intitola *Lo scambio*.

Di cosa parla? La protagonista è una traduttrice insofferente che si trasferisce in una città imprecisata, alla ricerca di un cambiamento. Ci arriva da sola, con quasi nulla, tranne un golfino nero.

Non so come leggere il racconto, non so cosa pensarne. Non so se funziona. Mi mancano le capacità critiche per giudicarlo. Benché sia venuto da me, non sembra completamente mio. Sono certa solo di una cosa: non lo avrei mai scritto in inglese.

Odio analizzare ciò che scrivo. Ma qualche mese dopo, un mattino mentre corro in villa Doria Pamphilj, mi viene in mente, tutto a un tratto, il significato di questo strano racconto: il golfino è la lingua.

Lo scambio

C'era una donna, una traduttrice, che voleva essere un'altra persona. Non c'era un motivo chiaro. Era sempre stato così.

Aveva degli amici, una famiglia, un appartamento, un lavoro. Aveva abbastanza soldi, godeva di buona salute. Aveva, insomma, una vita fortunata, di cui era grata. L'unica cosa che la affliggeva era quello che la distingueva dagli altri.

Quando pensava a ciò che possedeva, provava una mite repulsione, perché ogni oggetto, ogni cosa che le apparteneva, le dava prova della sua esistenza. Ogni volta che aveva qualsiasi ricordo della sua vita passata, era convinta che un'altra versione sarebbe stata migliore.

Si considerava imperfetta, come la prima stesura di un libro. Voleva generare un'altra versione di se stessa, nello stesso modo in cui poteva trasformare un testo da una lingua a un'altra. A volte aveva l'impulso di rimuovere la sua presenza dalla terra, come se fosse un filo sull'orlo di un bel vestito, da tagliare via con un paio di forbici.

Eppure non voleva suicidarsi. Amava troppo il mondo, la gente. Amava fare lunghe passeggiate nel tardo pomeriggio osservando ciò che la circondava. Amava il verde del mare, la luce del crepuscolo, i sassi sparsi sulla sabbia. Amava il sapore di una pera rossa in autunno, la luna piena e pesante d'inverno che brillava fra le nuvole. Amava il calore del suo letto, un buon libro da leggere senza interruzione. Per godere di questo, sarebbe vissuta per sempre.

Volendo capire meglio il motivo per cui si sentiva così, decise un giorno di eliminare i segni della sua esistenza. Tranne una piccola valigia, buttò o diede via tutto. Voleva vivere in solitudine, come un monaco, proprio per affrontare ciò che non riusciva a sopportare. Ai suoi amici, alla famiglia, all'uomo che la amava, disse che doveva andarsene per un po'.

Scelse una città in cui non conosceva nessuno, non capiva la lingua, dove non faceva né troppo caldo né troppo freddo. Portò un guardaroba quanto più semplice possibile, tutto in nero: un abito, un paio di scarpe, e un golfino di lana leggera, morbida, con cinque piccoli bottoni.

Arrivò mentre la stagione stava cambiando. Faceva caldo al sole, freddo all'ombra. Prese in affitto una camera. Camminava per ore, vagava senza meta, senza parlare. La città era piccola, piacevole ma priva di personalità, senza turisti. Sentiva i rumori, osservava la gente: chi andava in fretta al lavoro, chi era seduto sulle panchine, come lei, con un libro o con un cellulare, a prendere il sole. Quando aveva fame, mangiava qualche cosa seduta su una panchina. Quando era stanca, andava al cinema a vedere un film.

I giorni si facevano brevi, scuri. Pian piano gli alberi si spogliavano dei colori, delle foglie. La mente della traduttrice si svuotava. Cominciava a sentirsi leggera, anonima. Immaginava di essere una foglia che cadeva, identica a ogni altra.

Di notte dormiva bene. Di mattina si svegliava senza ansie. Non pensava né al futuro, né alle tracce della sua vita. Sospesa nel tempo, come una persona senza ombra. Eppure era viva, si sentiva più viva che mai.

In una brutta giornata, piovosa, ventosa, si mise al riparo sotto il cornicione di un edificio in pietra. La pioggia scrosciava. Non aveva un ombrello, neanche un cappello. La pioggia colpiva il marciapiede, con un suono insistente, continuo. Pensava al viaggio che fa l'acqua, che da sempre cade dalle nuvole, penetrando nella terra, riempiendo i fiumi, arrivando, alla fine, al mare.

La strada era piena di pozzanghere, la facciata del palazzo di fronte a lei era coperta di annunci illeggibili. La traduttrice si accorse di varie donne che entravano e uscivano dal portone. Di tanto in tanto una di loro, da sola o in un piccolo gruppo, arrivava, premeva un campanello, poi entrava. Curiosa, decise di seguirle.

Oltre il portone si doveva attraversare un cortile in cui la pioggia era confinata, come se piovesse in una stanza senza soffitto. Si fermò un momento per guardare il cielo, anche se si bagnava. Più avanti c'era una scala, scura, un po' sconnessa, dove alcune signore scendevano, altre salivano.

Sul pianerottolo c'era una donna alta, magra, con una faccia grinzosa ma ancora bella. Aveva i capelli corti, chiari, era vestita di nero. L'abito era trasparente, senza una forma precisa, con maniche lunghe e diafane, come due ali. Questa donna accoglieva le altre, con le braccia spalancate.

Venite, venite, ci sono tante cose da vedere.

Dentro l'appartamento la traduttrice lasciò la sua borsa nel corridoio, su un lungo tavolo, come facevano le altre. Oltre il corridoio c'era un grande salotto. C'era una fila piena di abiti neri, lungo un appendiabiti accanto alla parete.

Gli abiti erano come soldati, sull'attenti, ma inanimati. In un'altra parte del salotto c'erano divani, candele accese, un tavolo al centro pieno di frutta, formaggio, una densa torta al cioccolato. In un angolo, un alto specchio diviso in tre parti, in cui ci si poteva guardare da diverse prospettive.

La proprietaria dell'appartamento, che aveva disegnato questi vestiti neri, era seduta su un divano, fumava e chiacchierava. Parlava la lingua del posto perfettamente, ma con un leggero accento. Era una straniera, come la traduttrice.

Benvenute. Prego, mangiate, guardatevi intorno, accomodatevi.

Alcune donne si erano già spogliate, e stavano provando vestiti, sollecitando le opinioni delle altre. Erano una collezione di braccia, gambe, anche, vite. Variazioni incessanti. Sembrava che tutte loro si conoscessero.

La traduttrice si tolse il golfino, si spogliò. Cominciò a provare tutti i vestiti della sua taglia, uno dopo l'altro, metodicamente, come se fosse un compito. C'erano pantaloni, giacche, gonne, camicie, vestiti. Tutti neri, fatti di stoffe morbide, leggere.

Sono ideali per viaggiare, disse la proprietaria.

Sono comodi, moderni, versatili. Si possono lavare a mano in acqua fredda. Non si sgualciscono.

Le altre donne erano d'accordo. Dicevano che ormai si mettevano soltanto i vestiti disegnati dalla proprietaria. Li si trovava soltanto andando a casa sua, soltanto grazie a un invito privato. Soltanto in questo modo, segreto, nascosto, festivo.

La traduttrice stava davanti allo specchio. Studiava la propria immagine. Ma era distratta, c'era la presenza di un'altra donna dietro lo specchio, in fondo al corridoio. Era diversa dalle altre. Stava lavorando a un tavolo, con un ferro da stiro, con un ago in bocca. Aveva occhi stanchi, una faccia addolorata.

I vestiti erano eleganti, ben fatti. Anche se le stavano benissimo, alla traduttrice non piacevano. Dopo aver provato l'ultima cosa, decise di uscire. Non si sentiva se stessa in quei vestiti. Non voleva acquistare o accumulare niente di più.

C'erano mucchi di abiti dappertutto, sul pavimento, sui divani, sulle poltrone, come tante pozzanghere scure. Dopo aver rovistato un po', trovò il suo. Però mancava il golfino nero. Aveva cercato in tutti i mucchi ma non era riuscita a ritrovarlo.

Il salotto era quasi vuoto. Mentre la traduttrice cercava il suo golfino la maggior parte delle donne era andata via. La proprietaria stava preparando una ricevuta per la penultima. Rimaneva solo la traduttrice.

La proprietaria la guardava, come se fosse consapevole per la prima volta della sua presenza.

«E lei, cosa ha deciso di prendere?»

«Niente. Mi manca un golfino, il mio.»

«Il colore?»

«Nero.»

«Ah, mi dispiace.»

La proprietaria chiamò la donna dietro lo specchio. Le chiese di raccogliere i vestiti dal pavimento, di rimettere tutto a posto.

«A questa signora manca un golfino nero» disse. «Non la conosco» continuò. «Come mi ha trovata?»

«Ero fuori. Ho seguito le altre. Non sapevo cosa ci fosse dentro.»

«Non le piacciono, i vestiti?»

«Mi piacciono ma non mi servono.»

«Da dove viene?»

«Non sono di qui.»

«Neanch'io. Ha fame? Gradisce del vino? Della frutta?»

«No, grazie.»

«Scusate.»

Era la donna che lavorava per la proprietaria. Mostrò qualcosa, un indumento, alla traduttrice.

«Ecco» disse la proprietaria. «Era nascosto, abbiamo ritrovato il suo golfino.»

La traduttrice lo prese. Ma aveva capito subito, senza neanche metterselo, che non era il suo. Era un altro, sconosciuto. La lana era più ruvida, il nero meno intenso, ed era di una misura diversa. Quando lo indossò, quando si guardò nello specchio, lo sbaglio le apparve evidente.

«Questo non è il mio.»

«Cosa dice?»

«Il mio è simile, ma non è questo. Non riconosco questo golf. Non mi sta bene.»

«Ma dovrebbe essere il suo. La donna ha sistemato tutto. Non rimane niente sul pavimento, niente sui divani, guardi.»

La traduttrice non voleva accettare l'altro golfino. Ne provava antipatia, ribrezzo. «Questo non è il mio. Il mio è sparito.»

«Ma come?»

«Forse un'altra donna l'ha preso senza accorgersene. Forse c'è stato uno scambio. Forse c'erano delle altre clienti che indossavano un golfino come questo?»

«Non me lo ricordo. Va bene, posso controllare, aspetti.»

La proprietaria si sedette di nuovo sul divano. Accese una sigaretta. Poi, cominciò a fare una serie di chiamate. Spiegava a una donna dopo l'altra quello che era successo. Scambiava due parole con ognuna.

La traduttrice aspettava. Era convinta che qualcuna di loro avesse preso il suo golf, e che quello lasciato a lei appartenesse a un'altra.

La proprietaria posò il cellulare. « Mi dispiace, signora. Ho chiesto a tutte. Nessuna indossava un golfino nero oggi da me. Solo lei. »

« Ma questo non è il mio. »

Era sicura che non fosse il suo. Al tempo stesso sentiva un'incertezza tremenda che la consumava, che cancellava tutto, che la lasciava senza nulla.

« Grazie di essere venuta, arrivederla » disse la proprietaria. Non disse niente di più.

La traduttrice si sentiva sconcertata, vuota. Era venuta in questa città cercando un'altra versione di sé, una trasfigurazione. Ma aveva capito che la sua identità era insidiosa, una radice che lei non sarebbe mai riuscita a estirpare, un carcere in cui si sarebbe incastrata.

Nel corridoio voleva salutare la donna che lavorava per la padrona, dietro lo specchio, a un tavolo. Ma non c'era più.

Tornò a casa, sconfitta. Fu costretta a indossare l'altro golfino, perché pioveva ancora. Quella sera si addormentò senza mangiare, senza sognare.

Il giorno dopo, quando si svegliò, vide un golfino nero su una sedia nell'angolo della camera. Le era di nuovo familiare. Sapeva che era sempre stato il suo, e che la sua reazione il giorno precedente, la piccola scena che aveva fatto di fronte alle altre due donne, era stata completamente irrazionale, assurda.

Eppure questo golfino non sembrava più lo stesso, non quello che aveva cercato. Quando lo vide, non provava più nessun ribrezzo. Anzi, quando lo indossò, lo preferì. Non voleva ritrovare quello perso, non le mancava. Ora, quando lo indossava, era un'altra anche lei.

Il *riparo fragile*

Quando leggo in italiano mi sento un'ospite, una viaggiatrice. Ciononostante, quello che faccio sembra un compito ragionevole, accettabile.

Quando scrivo in italiano mi sento un'intrusa, un'impostora. Sembra un compito contraffatto, innaturale. Mi accorgo di aver oltrepassato un confine, di sentirmi persa, di essere in fuga. Di essere completamente straniera.

Quando rinuncio all'inglese rinuncio alla mia autorevolezza. Sono traballante anziché sicura. Sono debole.

Da dove viene l'impulso di allontanarmi dalla mia lingua dominante, la lingua da cui dipendo, da cui provengo come scrittrice, per darmi all'italiano?

Prima di diventare un'autrice mi mancava un'identità chiara, nitida. È stato attraverso la scrittura che sono riuscita a sentirmi realizzata. Ma quando scrivo in italiano non mi sento così.

Cosa vuol dire scrivere senza la propria autorevolezza? Posso definirmi un'autrice, senza sentirmi autorevole?

Com'è possibile, quando scrivo in italiano, che mi senta sia più libera sia inchiodata, costretta?

Forse perché in italiano ho la libertà di essere imperfetta.

Come mai mi attrae questa nuova voce, imperfetta, scarna? Come mai mi soddisfa la penuria? Cosa vuol dire rinunciare a un palazzo per abitare quasi per strada, sotto un riparo così fragile?

Forse perché dal punto di vista creativo non c'è nulla di tanto pericoloso quanto la sicurezza.

Mi chiedo quale sia il rapporto tra libertà e limitazioni. Mi chiedo come una prigione possa somigliare al paradiso.

Mi viene in mente qualche riga di Verga che ho scoperto di recente: «Pensare che avrebbe potuto bastarmi quest'angolo di terra, uno spicchio di cielo, un vaso di fiori, per godere tutte le felicità del mondo, se non avessi provato la libertà e se non mi sentissi in cuore la febbre roditrice di tutte le gioie che son fuori di queste mura!»

Chi parla è la protagonista di *Storia di una capinera*, una novizia di clausura che si sente intrappolata nel convento, che vagheggia la campagna, la luce, l'aria.

Io, in questo momento, preferisco il recinto.

Quando scrivo in italiano, mi basta quello spicchio di cielo.

Mi rendo conto che la voglia di scrivere in una nuova lingua deriva da una specie di disperazione. Mi sento tormentata, come la capinera di Verga. Come lei, desidero altro: qualcosa che probabilmente non dovrei desiderare. Ma penso che l'esigenza di scrivere derivi sempre dalla disperazione insieme alla speranza.

So che si dovrebbe conoscere a fondo la lingua in cui si scrive. So che mi manca una vera padronanza. So che la mia scrittura in italiano è qualcosa di prematuro, avventato, sempre approssimativo. Voglio chiedere scusa. Voglio spiegare la fonte di questo mio slancio.

Perché scrivo? Per indagare il mistero dell'esistenza. Per tollerare me stessa. Per avvicinare tutto ciò che si trova al di fuori di me.

Se voglio capire quello che mi colpisce, quello che mi confonde, quello che mi angoscia, in breve, tutto ciò che mi fa reagire, devo metterlo in parole. La scrittura è il mio unico modo per assorbire e per sistemare la vita. Altrimenti mi sgomenterebbe, mi sconvolgerebbe troppo.

Ciò che passa senza esser messo in parole, senza esser trasformato e, in un certo senso, purificato dal crogiuolo dello scrivere, non significa nulla per me. Solo le parole che durano mi sembrano reali. Hanno un potere, un valore superiore a noi.

Visto che io provo a decifrare tutto tramite la scrittura, forse scrivere in italiano è semplicemente il mio modo per apprendere la lingua nel modo più profondo, più stimolante.

Fin da ragazza appartengo soltanto alle mie parole. Non ho un Paese, una cultura precisa. Se non scrivessi, se non lavorassi alle parole, non mi sentirei presente sulla terra.

Cosa significa una parola? E una vita? Mi pare, alla fine, la stessa cosa. Come una parola può avere tante dimensioni, tante sfumature, una tale complessità, così una persona, una vita. La lingua è lo specchio, la metafora principale. Perché in fondo il significato di una parola, così come quello di una persona, è qualcosa di smisurato, di ineffabile.

L'impossibilità

In un numero di «Nuovi Argomenti», leggendo un'intervista con il romanziere Carlos Fuentes, trovo questo: «È estremamente utile sapere che non si potrà mai raggiungere certe vette».

Fuentes si riferisce a certi capolavori letterari – opere geniali come *Don Chisciotte*, per esempio – che restano intoccabili. Credo che queste vette abbiano un doppio ruolo, considerevole, per gli scrittori: ci fanno puntare alla perfezione e ci ricordano la nostra mediocrità.

Come scrittrice, in qualsiasi lingua, devo tenere conto della presenza di grandissimi autori. Devo accettare la natura del mio contributo rispetto al loro. Pur sapendo che non riuscirò mai a scrivere come Cervantes, come Dante, come Shakespeare, scrivo comunque. Devo gestire l'ansia che queste vette possono suscitare. Altrimenti, non oserei scrivere.

Ora che scrivo in italiano, l'osservazione di Fuentes mi sembra ancora più pertinente. Devo accettare l'impossibilità di raggiungere la vetta che mi ispira, ma allo stesso tempo mi porta via spazio. Ora la vetta non è l'opera di un altro scrittore più brillante di me, ma invece il cuore della lingua in sé. Pur sapendo che non riuscirò a trovarmi sicuramente dentro questo cuore, cerco, attraverso lo scrivere, di raggiungerlo.

Mi chiedo se sto andando controcorrente. Vivo in un'epoca in cui quasi tutto sembra possibile, in cui nessuno vuole accettare alcun limite. Possiamo inviare un messaggio in un istante, possiamo andare da un capo all'altro del mondo in una giornata. Possiamo vedere chiaramente una persona che non sta accanto a noi. Grazie alla tecnologia, niente attesa, niente distanza. Ecco perché si può dire tranquillamente che il mondo è più piccolo rispetto al passato. Siamo sempre connessi, raggiungibili. La tecnologia rifiuta la lontananza, oggi più che mai.

Eppure, questo mio progetto in italiano mi rende acutamente consapevole delle distanze immani tra le lingue. Una lingua straniera può significare una separazione totale. Può rappresentare, ancora oggi, la ferocia della nostra ignoranza. Per scrivere in una nuova lingua, per penetrarne il cuore, nessuna tecnologia aiuta. Non si può accelerare il processo, non si può abbreviarlo. L'andamento è lento, zoppicante, senza scorciatoie. Più capisco la lingua, più si ingarbuglia. Più mi avvicino, più si allontana. Ancora oggi il distacco tra me e l'italiano rimane insuperabile. Ho impiegato quasi la metà della mia vita per fare appena due passi. Per arrivare solo qui.

In questo senso la metafora del piccolo lago che volevo attraversare, con cui ho cominciato questa serie di riflessioni, è sbagliata. Perché in realtà una lingua non è un laghetto ma un oceano. Un elemento tremendo e misterioso, una forza della natura davanti alla quale mi devo inchinare.

In italiano mi manca una prospettiva completa. Mi manca la distanza che mi aiuterebbe. Ho solo la distanza che mi ostacola.

Non è possibile vedere il paesaggio per intero. Conto su certe vie, certi modi per passare. Qualche percorso di cui ormai mi fido, da cui probabilmente dipendo troppo. Riconosco certe parole, certe costruzioni, come se fossero alberi familiari durante una passeggiata quotidiana. Ma scrivo, alla fine, dentro una trincea.

Scrivo ai margini, così come vivo da sempre ai margini dei Paesi, delle culture. Una zona periferica in cui non è possibile che io mi senta radicata, ma dove ormai mi trovo a mio agio. L'unica zona a cui credo, in qualche modo, di appartenere.

Posso costeggiare l'italiano, ma mi sfugge l'entroterra della lingua. Non vedo le vie segrete, gli strati celati. I livelli nascosti. La parte sotterranea.

A villa Adriana, a Tivoli, c'è una rete viaria gigantesca, un sistema impressionante e imponente, tutto sottoterra. Questo complesso di passaggi è stato scavato per trasportare merci, servitori, schiavi. Per separare l'imperatore dal popolo. Per nascondere la vita vera e chiassosa della villa, così come la pelle nasconde tutte le funzioni, brutte ma essenziali, del corpo.

A Tivoli capisco la natura del mio progetto in italiano. Come i visitatori di oggi alla villa, come Adriano quasi due millenni fa, cammino sulla superficie, la parte accessibile. Ma so, da scrittrice, che una lingua esiste nelle ossa, nel midollo. Che la vera vita della lingua, la sostanza, è lì.

Torniamo a Fuentes: sono d'accordo, credo che una consapevolezza dell'impossibilità sia centrale all'impulso creativo. Davanti a tutto ciò che mi sembra irraggiungibile, mi meraviglio. Senza un sentimento di meraviglia verso le cose, senza lo stupore, non si può creare nulla.

Se tutto fosse possibile, quale sarebbe il senso, il bello della vita?

Se fosse possibile colmare la distanza tra me e l'italiano, smetterei di scrivere in questa lingua.

Venezia

In questa città inquietante, quasi onirica, scopro un nuovo modo per capire il mio rapporto con l'italiano. Questa topografia frammentata, disorientante, mi dà un'altra chiave.

Si tratta del dialogo tra i ponti e i canali. Un dialogo tra l'acqua e la terraferma. Un dialogo che esprime uno stato sia di separazione sia di connessione.

A Venezia non posso muovermi senza attraversare innumerevoli ponti pedonali. All'inizio dover attraversare un ponte quasi ogni due minuti mi affatica. Mi sembra un percorso atipico, leggermente difficile. In poco tempo, però, mi abituo. Pian piano questo percorso diventa abituale, seducente. Salgo, attraverso un canale, poi scendo dall'altra parte. Camminare per Venezia vuol dire ripetere quest'azione un numero incalcolabile di volte. In mezzo a ogni ponte mi trovo sospesa, né di qua né di là. Scrivere in un'altra lingua somiglia a un percorso del genere.

La mia scrittura in italiano, così come un ponte, è qualcosa di costruito, di fragile. Potrebbe in qualsiasi momento sprofondare, lasciandomi in pericolo. L'inglese scorre sotto i piedi. Me ne sono accorta: è una presenza innegabile, anche se provo a evitarlo. Rimane, come l'acqua a Venezia, l'elemento più forte, più naturale, l'elemento che minaccia sempre di inghiottirmi. Paradossalmente, potrei sopravvivere senza problemi in inglese, non annegherei. Eppure, non volendo nessun contatto con l'acqua, faccio i ponti.

A Venezia mi accorgo di uno stato d'inversione di quasi tutti gli elementi. Mi è difficile distinguere tra ciò che esiste e ciò che sembra un'illusione, un'apparizione. Tutto mi appare instabile, mutevole. Le strade non sono solide. Le case sembrano galleggiare. La nebbia può rendere invisibile l'architettura. L'acqua alta può allagare una piazza. I canali rispecchiano una versione inesistente della città.

Lo smarrimento che avverto a Venezia è simile a quello che mi prende quando scrivo in italiano. Nonostante la pianta dei sestieri, mi perdo. Il labirinto veneziano trascende la propria pianta come una lingua trascende la propria grammatica. Camminare per Venezia, così come scrivere in italiano, è un'esperienza spiazzante. Devo arrendermi. Mentre scrivo affronto tantissimi vicoli ciechi, tanti angoli angusti da cui devo districarmi. Devo abbandonare certe strade. Devo correggermi continuamente. Ci sono momenti in italiano, così come a Venezia, in cui mi sento soffocata, sconvolta. Poi giro e, quando meno me lo aspetto, mi ritrovo in un luogo sperduto, silenzioso, splendente.

Con gli anni Venezia ha un impatto sempre più sconcertante su di me. La bellezza travolgente mi trafigge, sono sopraffatta dalla fragilità della vita. Mi sento avvolta da un sogno ardente che sembra sempre sul punto di dissolversi. Un sogno più vero della vita. Passare ripetutamente sui ponti mi fa pensare a quel passaggio che facciamo tutti noi sulla terra, tra la nascita e la morte. Talvolta, attraversando certi ponti, temo di aver già raggiunto l'aldilà.

Quando scrivo in italiano, nonostante il mio amore per la lingua, sento la stessa inquietudine. Questo passo che sto facendo sembra un salto nel vuoto, un'inversione di me stessa. Così come i riflessi dei palazzi che oscillano sulla superficie del Canal Grande, la mia scrittura in italiano sembra qualcosa di impalpabile. Vaporosa, come la nebbia. Temo che il ponte tra me e l'italiano, alla fine, non esista. Che resterà, nella migliore delle ipotesi, una chimera.

Tuttavia, sia a Venezia sia sulla pagina, i ponti sono l'unico modo per muovermi in una nuova dimensione, per superare l'inglese, per arrivare altrove. Ogni frase che scrivo in italiano è un piccolo ponte da costruire, poi da attraversare. Lo faccio con titubanza mista a un impulso persistente, inspiegabile. Ogni frase, come ogni ponte, mi porta da un luogo a un altro. È un percorso atipico, seducente. Un nuovo ritmo. Adesso mi sono quasi abituata.

L'imperfetto

Ci sono tantissime cose che continuano a confondermi in italiano. Le preposizioni, per esempio: *alla parete, per terra, dal calzolaio, in edicola*. Per ripassarle, potrei prendere appunti nel quaderno o sul taccuino. Ho una guida per aiutare lo studente straniero, contenente una serie di esercizi di questo tipo: «Mettiti ... miei panni e prova ... vedere la situazione ... i miei occhi». Sono stucchevoli, ma li faccio lo stesso: se voglio impadronirmi della lingua, non c'è scampo. Più che altro, non riesco mai a riempire quegli spazi alla perfezione. Magari, per imparare le preposizioni una buona volta, basta questa stupenda frase che si trova in un racconto di Moravia: «Sbucammo finalmente su una piazza al sole, in un venticello frizzante da neve, davanti un parapetto oltre il quale non c'era che la luce di un grande panorama che non si vedeva».

Un'altra spina nel fianco è l'uso dell'articolo: non mi è chiaro quando si usa e quando cade.

Perché si dice *c'è vento*, ma *c'è il sole*? Lotto per capire la differenza tra *uno stato d'animo* e *una busta della spesa*, *giorni di scirocco* e *la linea dell'orizzonte*. Tendo a sbagliarmi, mettendo l'articolo quando non ce n'è bisogno (tipo: «parliamo del cinema», «sono venuta in Italia per cambiare la strada»), ma leggendo Vittorini, imparo che si dice *queste sono fandonie*. Grazie a un cartello pubblicitario per strada, imparo che *il piacere non ha limiti*.

A proposito: rimango incerta sulla differenza tra *limite* e *limitazione*, *funzione* e *funzionamento*, *modifica* e *modificazione*. Certe parole che si somigliano mi tormentano: *schiacciare* e *scacciare*, *spiccare* e *spicciare*, *fioco* e *fiocco*, *crocchio* e *crocicchio*. Scambio ancora adesso *già* per *appena*.

Talvolta vacillo quando paragono due cose, per cui il taccuino è pieno di frasi del genere: *Di questo romanzo mi piace più la prima parte della seconda. Parlo l'inglese meglio dell'italiano. Preferisco Roma a New York. Piove più a Londra che a Palermo.*

So che non è possibile conoscere una lingua straniera alla perfezione. Non a caso, ciò che mi confonde di più in italiano è l'uso dell'imperfetto, rispetto al passato prossimo. Dovrebbe essere una cosa abbastanza semplice ma, per qualche ragione, per me non lo è. Quando devo scegliere tra l'uno e l'altro, non so quale sia giusto. Vedo il bivio davanti a me, rallento, e sento che sto per bloccarmi. Sono pervasa dal dubbio. Provo un senso di panico. Non capisco d'istinto la differenza. Come se avessi una specie di miopia temporale.

È solo a Roma, quando comincio a parlare italiano ogni giorno, che mi rendo conto di questo scoglio. Ascoltando i miei amici, raccontando qualcosa al mio insegnante d'italiano, me ne accorgo. Dico *c'è stato scritto* quando si dice *c'era scritto*. Dico *era difficile* quando si dice *è stato difficile*. Mi confondo soprattutto tra *era* ed *è stato*: due facce del verbo essere, quello fondamentale. A Roma, per quasi un anno, la mia confusione diventa un cruccio.

Per aiutarmi, il mio insegnante mi dà qualche immagine: lo sfondo rispetto all'azione centrale. La cornice rispetto al quadro. Una linea dritta anziché sinuosa. Una situazione anziché un fatto.

Si dice *la chiave era sul tavolo*. In questo caso è una linea sinuosa, una situazione. Eppure a me sembra anche un fatto, il fatto che la chiave fosse sul tavolo.

Si dice *siamo stati bene*. Qui abbiamo la linea dritta, una condizione con un sapore definitivo. Eppure a me sembra anche una situazione.

La confusione mi fa pensare a un motivo geometrico, una specie di illusione ottica come quella che si trova sui pavimenti delle chiese o dei palazzi antichi: una serie di cubetti di tre colori, un disegno semplice ma complesso che inganna l'occhio. L'effetto di quest'illusione è stupefacente, un po' sconcertante: la prospettiva si sposta, per cui si vedono contemporaneamente due versioni della stessa cosa, due possibilità.

Alla ricerca di qualche indizio, noto che con gli avverbi *sempre* e *mai* si usa spesso il passato prossimo: *sono stata sempre confusa*, per esempio. Oppure *non sono mai stata capace di assorbire questa cosa*. Credo di aver scoperto una chiave importante, magari una regola. Poi, sfogliando *È stato così* di Natalia Ginzburg – un titolo che fornisce un altro esempio del problema –, leggo: «Non mi diceva mai che era innamorato di me... Francesca aveva sempre tante cose da raccontare... Aspettavo sempre la posta». Nessuna regola, solo ancora più confusione.

Un giorno, dopo aver letto *Niente, più niente al mondo*, un romanzo di Massimo Carlotto, sottolineo come una pazza ogni uso del verbo essere al passato. Scrivo tutte le frasi in un quaderno: «Sei stato dolce». «C'era ancora la lira.» «È stato così fin da quando era giovane.» «Ero certa che tutto sarebbe cambiato in meglio.» Ma questa fatica risulta inutile. Alla fine imparo solo una cosa: dipende dal contesto, dall'intenzione.

Ormai, la differenza tra l'imperfetto e il passato prossimo mi dà un po' meno fastidio. So che alla fine di una cena si dice *è stata una bella serata*, ma che *era una bella serata* fino a quando non è piovuto. So che *sono stata in Grecia* per una settimana, ma che *ero in Grecia* quando mi sono ammalata. Capisco che l'imperfetto si riferisce a una specie di preambolo, un'azione aperta, senza confini, senza inizio o termine. Un'azione sospesa anziché contenuta, inchiodata al passato. Capisco che il rapporto tra l'imperfetto e il passato prossimo è un sistema, complesso e preciso, per rendere più tangibile, più vivido, il tempo già trascorso. Un modo di raccontare qualcosa di astratto, di percepire qualcosa che non c'è.

Inutile dire che questo blocco mi fa sentire, appunto, molto imperfetta. Per quanto frustrante, mi sembra un destino. Mi identifico con l'imperfetto, perché un senso d'imperfezione ha segnato la mia vita. Sto provando da sempre a migliorarmi, a correggermi, perché mi sono sempre sentita una persona difettosa.

Per colpa della mia identità divisa, per colpa, forse, del mio carattere, mi considero una persona incompiuta, in qualche modo manchevole. Può darsi che ci sia una causa linguistica: la mancanza di una lingua con cui possa identificarmi. Da ragazzina, in America, provavo a parlare il bengalese alla perfezione, senza alcun accento straniero, per accontentare i miei genitori, soprattutto per sentirmi completamente figlia loro. Ma non era possibile. D'altro canto volevo essere considerata un'americana, ma nonostante parlassi quella lingua perfettamente, non era possibile neanche quello. Ero sospesa anziché radicata. Avevo due lati, entrambi imprecisi. L'ansia che provavo, e talvolta provo ancora, proviene da un senso di inadeguatezza, di essere una delusione.

Qui in Italia, dove mi trovo benissimo, mi sento imperfetta più che mai. Ogni giorno, mentre parlo, mentre scrivo in italiano, mi scontro con l'imperfezione. Questa linea sinuosa lascia una traccia, mi accompagna ovunque. Mi tradisce, rivela che non sono radicata in questa lingua.

Perché mi interessa, da adulta, da scrittrice, questa nuova relazione con l'imperfezione? Cosa mi offre? Direi una chiarezza sbalorditiva, una consapevolezza più profonda di me stessa. L'imperfezione dà lo spunto all'invenzione, all'immaginazione, alla creatività. Stimola. Più mi sento imperfetta, più mi sento viva.

Scrivo fin da piccola per dimenticare le mie imperfezioni, per nascondermi sullo sfondo della vita. In un certo senso la scrittura è un omaggio prolungato all'imperfezione. Un libro, così come una persona, rimane qualcosa di imperfetto, di incompiuto, durante tutta la sua creazione. Alla fine della gestazione la persona nasce, poi cresce. Ma ritengo che un libro sia vivo solo mentre viene scritto. Dopo, almeno per me, muore.

L'adolescente peloso

Ricevo un invito per andare a Capri, a un festival letterario. Si tratta di una serie di incontri tra autori anglofoni e italiani; si svolgerà in una piazzetta sul mare, che dà sui faraglioni. Ogni anno il festival è dedicato a un tema su cui gli scrittori si confrontano. Quest'anno sarà «vincitori e vinti». Prima del festival, ai partecipanti viene chiesto di scrivere un pezzo su questo tema, per un catalogo bilingue. Visto che sono una scrittrice anglofona, la supposizione è che io scriverò questo pezzo in inglese, e che poi sarà tradotto in italiano. Ma io, in Italia da quasi un anno, sono ormai talmente presa dalla lingua che cerco di evitare l'inglese il più possibile. Scrivo il pezzo in italiano, per cui serve una traduzione in inglese.

Sarei la traduttrice naturale, ma non ne ho la minima voglia. Non mi interessa, in questo momento, tornare indietro. Anzi, mi fa paura. Quando esprimo la mia riluttanza a mio marito, mi dice: «Ti conviene fare la traduzione da sola. Meglio tu che qualcun altro, altrimenti non sarà sotto il tuo controllo». Seguendo questo consiglio, e avendo il senso del dovere, alla fine decido di tradurmi.

Immaginavo che fosse un compito facilissimo. Una discesa anziché una scalata. Invece mi stupisce quanto lo trovi impegnativo. Quando scrivo in italiano, penso in italiano: per tradurre in inglese, devo risvegliare un'altra parte del cervello. La sensazione non mi piace affatto. Provo un senso di estraneità. Come se mi imbattessi in un fidanzato di cui ero stufa, qualcuno che avevo lasciato anni fa. Non mi seduce più.

Da un lato la traduzione non suona. Mi sembra insulsa, scialba, incapace di esprimere i miei nuovi pensieri. Dall'altro sono sopraffatta dalla ricchezza, la forza, la flessibilità del mio inglese. A un tratto mi vengono in mente migliaia di parole, di sfumature. Una grammatica robusta, nessuna incertezza. Non mi serve alcun dizionario. In inglese non devo inerpicarmi. Mi deprime, questa vecchia conoscenza, questa destrezza. Chi è questa scrittrice, così ben attrezzata? Non la riconosco.

Mi sento infedele. Temo, controvoglia, a malincuore, di aver tradito l'italiano.

Rispetto all'italiano, l'inglese mi sembra prepotente, soggiogante, pieno di sé. Ho l'impressione che, finora in cattività, si sia scatenato e che sia furibondo. Probabilmente, sentendosi trascurato da quasi un anno, ce l'ha con me. Le due lingue si affrontano sulla scrivania, ma il vincitore è già più che ovvio. La traduzione sta divorando il testo originale, lo sta smontando. Mi colpisce quanto questa lotta cruenta esemplifichi il tema del festival, l'argomento stesso del pezzo.

Voglio difendere il mio italiano, che tengo in braccio come un neonato. Voglio coccolarlo. Deve dormire, deve alimentarsi, deve crescere. Rispetto all'italiano, il mio inglese mi sembra un adolescente peloso, puzzolente. Vattene, voglio dirgli. Non molestare il tuo fratellino, sta riposando. Non è una creatura che può correre e può giocare. Non è un ragazzo spensierato, vigoroso, indipendente come te.

Ora mi rendo conto di descrivere il mio rapporto con l'italiano in un altro modo, di aver introdotto una nuova metafora. Finora l'analogia era sempre stata romantica: un colpo di fulmine, un innamoramento. Adesso, mentre traduco me stessa, mi sento la madre di due figli. Mi accorgo di aver cambiato il mio atteggiamento nei confronti della lingua, ma forse il cambiamento riflette uno sviluppo, un percorso naturale. Un tipo d'amore segue l'altro e da un accoppiamento amorevole idealmente nasce una nuova generazione. Provo una passione ancora più intensa, più pura, più trascendente per i miei figli. La maternità è un legame viscerale, un amore incondizionato, una devozione che va oltre l'attrazione e la compatibilità.

Mentre traduco questo breve testo in inglese, mi sento spezzata in due. Non riesco a gestire la tensione, non sono capace di muovermi tra le lingue come un'acrobata. Mi viene in mente la sensazione sgradevole di dover essere due diverse persone allo stesso tempo: una condizione ineluttabile della mia vita. So che Beckett ha tradotto se stesso dal francese all'inglese. Per me non è possibile, perché il mio italiano resta molto più debole. Non sono pari, questi due fratelli, e il mio favorito è il piccolino. Nei confronti dell'italiano non sono neutrale.

Quanto alla traduzione in inglese, la ritengo un obbligo, nient'altro. Lo trovo un processo centripeto. Nessun mistero, nessuna scoperta, nessun incontro con qualcosa al di fuori di me.

Devo ammettere, però, che viaggiare tra le due versioni risulta utile. Alla fine, lo sforzo della traduzione rende la versione in italiano più chiara, più articolata. Serve alla scrittura, anche se sconvolge la scrittrice.

Credo che tradurre sia il modo più profondo,

più intimo di leggere qualcosa. Una traduzione è un bellissimo incontro dinamico tra due lingue, due testi, due scrittori. Implica uno sdoppiamento, un rinnovamento. Nel passato amavo tradurre dal latino, dal greco antico, dal bengalese. È stato un modo di avvicinarmi alle diverse lingue, di sentirmi legata ad autori lontanissimi da me, nello spazio e nel tempo. Tradurre me stessa, da una lingua in cui sono ancora un'apprendista, non è la stessa cosa. Dopo aver faticato per realizzare il testo in italiano mi sento appena sbarcata, stanca ma entusiasta. Voglio fermarmi, orientarmi. Il rientro, prematuro, mi fa male. Sembra una disfatta, un regresso. Sembra distruttivo anziché creativo, quasi un suicidio.

A Capri, faccio la presentazione in italiano. Leggo ad alta voce il mio pezzo su vincitori e vinti. Vedo il testo inglese in blu sulla sinistra, quello italiano, in nero, sulla destra. L'inglese è muto, abbastanza tranquillo. Stampati, rilegati, i fratelli si tollerano. Sono, almeno per il momento, in tregua.

Dopo la lettura comincia una conversazione tra me e due scrittori italiani. C'è anche un'interprete seduta accanto a noi per tradurre in inglese ciò che stiamo dicendo. Dopo qualche frase mi fermo, poi parla lei. Quest'eco in inglese è una cosa incredibile, fantastica: è sia un circolo compiuto sia un rovesciamento totale. Ne sono stupefatta, commossa. Penso a Mantova tredici anni fa e all'interprete senza il quale non potevo esprimermi in italiano davanti al pubblico. Non pensavo che avrei mai raggiunto questo traguardo.

Ascoltando la mia interprete, mi fido per la prima volta del mio italiano. Sebbene rimanga per sempre il fratello minore, il mingherlino se la cava. Grazie al primogenito riesco a vedere il secondo, ad ascoltarlo, perfino ad ammirarlo un po'.

Il secondo esilio

Dopo aver trascorso un anno a Roma torno per un mese in America. Lì, subito, sento la mancanza dell'italiano. Non poterlo parlare e ascoltare ogni giorno mi angoscia. Quando vado nei ristoranti, nei negozi, in spiaggia, m'infastidisco: come mai la gente non parla italiano? Non voglio interagire con nessuno. Provo un sentimento di nostalgia struggente.

Tutto ciò che ho assorbito a Roma sembra assente. Torniamo alla metafora materna. Penso alle prime occasioni in cui ho dovuto lasciare i miei figli a casa, appena dopo la nascita. Provavo, all'epoca, un'ansia tremenda. Mi sentivo in colpa, anche se questi brevi momenti di separazione erano normali, importanti sia per me sia per loro. È stato importante stabilire che i nostri corpi, fino allora vincolati, erano indipendenti. Eppure, ora come allora, sono acutamente consapevole di un distacco fisico, doloroso. Come se una parte di me non ci fosse più.

Mi rendo conto della lontananza. Di un silenzio opprimente, insopportabile.

Ogni giorno la mancanza dell'italiano mi colpisce sempre di più. Temo di aver già dimenticato tutto ciò che ho imparato. Temo di subire un annientamento. Immagino un vortice divorante, tutte le parole che spariscono nell'oscurità. Faccio sul taccuino una lista di verbi in italiano che indicano l'atto di andarsene: *scomparire, svanire, sbiadire, sfumare, finire. Evaporare, svaporare, svampire. Perdersi, dileguarsi, dissolversi.* So che alcuni sono sinonimi di *morire*.

Soffro, finché non mi chiama, un pomeriggio a Cape Cod, una giornalista da Milano, per intervistarmi. Non vedo l'ora che squilli il telefono, ma mentre parlo con lei mi preoccupo che il mio italiano suoni già imbranato, che la mia lingua sia già fuori allenamento. Una lingua straniera è un muscolo gracile, schizzinoso. Se non lo si usa, s'indebolisce. Il mio italiano, in America, mi suona stonato, trapiantato. Il modo di parlare, i suoni, i ritmi, le cadenze, sembrano sradicati, disambientati. Le parole sembrano senza rilevanza, senza una presenza significativa. Sembrano naufraghe, nomadi.

In America, quando ero giovane, i miei genitori mi parevano sempre in lutto per qualcosa. Ora capisco: doveva essere la lingua. Quarant'anni fa non era facile, per loro, sentire le famiglie al telefono. Aspettavano la posta. Non vedevano l'ora che arrivasse una lettera da Calcutta, scritta in bengalese. La leggevano cento volte, la conservavano. Quelle lettere rievocavano la loro lingua e rendevano presente una vita scomparsa. Quando la lingua con cui ci si identifica è lontana, si fa di tutto per tenerla viva. Perché le parole riportano tutto: il luogo, la gente, la vita, le strade, la luce, il cielo, i fiori, i rumori. Quando si vive senza la propria lingua ci si sente senza peso e, allo stesso tempo, sovraccarichi. Si respira un altro tipo d'aria, a una diversa altitudine. Si è sempre consapevoli della differenza.

In America, dopo aver vissuto solo un anno in Italia, mi sento un po' così. Eppure qualcosa non mi quadra. Non sono italiana, non sono neanche bilingue. L'italiano rimane per me una lingua imparata da adulta, coltivata, covata.

Un giorno a Cape Cod mi trovo a una vendita di libri di seconda mano, all'aperto, in una specie di piazzetta. Ci sono, sull'erba, tanti tavoli pieghevoli colmi di libri di ogni tipo. Costano pochissimo. Di solito amo frugare per un'oretta e comprare un sacco di cose. Questa volta, però, non voglio comprare niente, perché tutti i libri sono in inglese. Sentendomi disperata, ne cerco uno in italiano. C'è perfino qualche scatola dedicata ai libri stranieri. Vedo un dizionario tedesco malconcio, dei romanzi francesi sbrindellati, ma non trovo nulla in italiano. Mi attrae solo una guida turistica dell'Italia scritta in inglese, l'unica cosa che compro, solo perché mi fa pensare al rientro a Roma a fine agosto. Tutti gli altri libri, perfino una copia di uno dei miei romanzi, mi lasciano indifferente. Come se fossero scritti in una lingua straniera.

Ora avverto una doppia crisi. Da un lato mi rendo conto dell'oceano, in ogni senso, tra me e l'italiano. Dall'altro, del distacco tra me e l'inglese. Me ne ero già accorta in Italia, traducendo me stessa. Ma penso che un allontanamento sentimentale sia sempre più spiccato, più lancinante quando, nonostante la prossimità, resta una voragine.

Perché non mi sento più a casa in inglese? Come mai non mi rincuora la lingua in cui ho imparato a leggere, a scrivere? Cosa è successo, e cosa significa? Lo straniamento, il disincanto che provo mi confonde, mi turba. Più che mai mi sento una scrittrice senza una lingua definitiva, senza origine, senza definizione. Se sia un vantaggio o uno svantaggio, non saprei.

A metà del mese vado a trovare la mia insegnante veneziana, a Brooklyn. Questa volta non facciamo nessuna lezione, solo una lunga chiacchierata. Parliamo di Roma, della sua famiglia e della mia. Le porto una scatola di biscottini, le faccio vedere delle foto della mia nuova vita. Lei mi regala alcuni dei suoi libri, in edizione tascabile, presi dagli scaffali: i racconti di Calvino, di Pavese, di Silvio d'Arzo. Le poesie di Ungaretti. È l'ultima volta che vengo qui. La mia insegnante sta per trasferirsi, sta per lasciare Brooklyn. Ha già venduto la casa in cui ha vissuto per parecchi anni, dove facevamo le nostre lezioni. Sta per imballare tutto per il trasloco. D'ora in poi quando tornerò in America, a Brooklyn, non la vedrò più.

Torno a casa con un piccolo mucchio di libri italiani, grazie ai quali, nonostante la malinconia che mi pervade, riesco a tranquillizzarmi. In questo periodo di silenzio, di isolamento linguistico, solo un libro può rassicurarmi. I libri sono i mezzi migliori – privati, discreti, affidabili – per scavalcare la realtà.

Leggo in italiano ogni giorno, ma non scrivo. In America divento passiva. Anche se ho portato i dizionari, i quaderni e i taccuini, non riesco a scrivere neanche una parola in italiano. Non descrivo nulla nel diario, non me la sento. Per quanto riguarda la scrittura, rimango inattiva. Come se mi ritrovassi in una sala d'attesa creativa, non faccio altro che aspettare.

Finalmente, a fine agosto, all'aeroporto, all'imbarco, sono circondata di nuovo dall'italiano. Vedo tutti gli italiani che stanno per tornare al loro Paese dopo le vacanze a New York. Sento le loro chiacchiere. All'inizio provo sollievo, gioia. Subito dopo mi accorgo di non essere come loro. Sono diversa, così come ero diversa dai miei genitori quando andavamo in vacanza dagli Stati Uniti a Calcutta. Non torno a Roma per raggiungere la mia lingua. Torno per continuare a corteggiarne un'altra.

Chi non appartiene a nessun posto specifico non può tornare, in realtà, da nessuna parte. I concetti di esilio e di ritorno implicano un punto di origine, una patria. Senza una patria e senza una vera lingua madre, io vago per il mondo, anche dalla mia scrivania. Alla fine mi accorgo che non è stato un vero esilio, tutt'altro. Sono esiliata perfino dalla definizione di esilio.

Il muro

C'è una trafittura in ogni gioia. In ogni passione folgorante, un lato cupo.

Il secondo anno a Roma, dopo Natale, vado con la mia famiglia a vedere Paestum, e poi ci fermiamo, per un paio di giorni, a Salerno. Lì, nel centro storico, nella vetrina di un negozietto, mi capita di vedere dei vestiti carini per i bambini. Entro con mia figlia. Mi rivolgo alla commessa. La saluto e le dico che sto cercando dei pantaloni per mia figlia. Descrivo quello che ho in mente, suggerisco dei colori che andrebbero bene, aggiungo che a mia figlia non piacciono i modelli troppo stretti, che preferirebbe qualcosa di comodo. Insomma, parlo abbastanza a lungo con questa commessa, in un italiano ormai scorrevole ma non del tutto autentico.

A un certo punto entra mio marito con nostro figlio. A differenza di me, mio marito, un americano, dall'aspetto potrebbe sembrare un italiano. Lui e io scambiamo qualche parola, sempre in italiano, davanti alla commessa. Gli faccio vedere un giubbotto scontato, che sto considerando per nostro figlio. Lui risponde a monosillabi: va bene, mi piace, sì, vediamo. Nemmeno una frase intera. Mio marito parla lo spagnolo alla perfezione, quindi tende a parlare l'italiano con un accento spagnolo. Dice *sessenta y uno* invece di *sessantuno*, *bellessa* invece di *bellezza*, *nunca* invece di *mai*, per cui i nostri figli lo prendono in giro. Parla bene l'italiano, mio marito, ma non lo parla meglio di me.

Decidiamo di comprare due paia di pantaloni più il giubbotto. Alla cassa, mentre sto pagando, la commessa mi chiede: «Da dove venite?»

Le spiego che abitiamo a Roma, che ci siamo trasferiti in Italia lo scorso anno da New York. A quel punto la commessa dice: «Ma tuo marito deve essere italiano. Lui parla perfettamente, senza nessun accento».

Ecco il confine che non riuscirò mai a varcare. Il muro che rimarrà per sempre tra me e l'italiano, per quanto bene possa impararlo. Il mio aspetto fisico.

Mi viene da piangere. Vorrei urlare: «Sono io che amo perdutamente la vostra lingua, mio marito no. Lui parla italiano solo perché ne ha bisogno, perché gli capita di vivere qui. Sto studiando la vostra lingua da più di vent'anni, lui nemmeno da due. Non leggo altro che la vostra letteratura. Riesco ormai a parlare in italiano in pubblico, a fare interviste radiofoniche in diretta. Tengo un diario italiano, scrivo dei racconti».

Non dico niente alla commessa. La ringrazio, la saluto, poi esco. Capisco che il mio attaccamento all'italiano non vale niente. Che tutta la mia devozione, tutta la foga non significano nulla. Secondo questa commessa, mio marito sa parlare benissimo l'italiano, va lodato; io no. Mi sento umiliata, indignata, invidiosa. Sono senza parole. Dico finalmente a mio marito, in italiano, quando siamo per strada: «Sono sbalordita».

E mio marito mi chiede, in inglese: «Cosa vuol dire, *sbalordita*?»

L'episodio di Salerno è soltanto un esempio del muro che affronto ripetutamente in Italia. Per colpa del mio aspetto fisico, sono percepita come una straniera. È vero, lo sono. Ma essendo una straniera che parla bene l'italiano, ho due esperienze linguistiche, notevolmente diverse, in questo Paese.

Quelli che mi conoscono mi parlano in italiano. Loro apprezzano che io capisca la loro lingua, la condividono volentieri con me. Quando parlo in italiano con i miei amici italiani mi sento immersa nella lingua, accolta, accettata. Prendo parte alla lingua: nel teatro dell'italiano parlato credo di aver anch'io un ruolo, una presenza. Con gli amici riesco a discutere per ore, a volte per giorni, senza dover contare su nessuna parola inglese. Sono nel mezzo del lago e sto nuotando a modo mio con loro.

Ma quando vado in un negozio come quello di Salerno mi ritrovo, bruscamente, lanciata sulla sponda. Quelli che non mi conoscono, guardandomi, presuppongono che io non sappia parlare l'italiano. Quando mi rivolgo loro in italiano, quando chiedo qualcosa (una testa d'aglio, un francobollo, l'ora), dicono, perplessi: «Non ho capito». È sempre la stessa risposta, lo stesso cipiglio. Come se il mio italiano fosse un'altra lingua.

Non mi capiscono perché non vogliono capirmi; non vogliono capirmi perché non vogliono ascoltarmi, non vogliono accettarmi. Il muro funziona così. Quando qualcuno non mi capisce può ignorarmi; non deve tenere conto di me. Queste persone mi guardano ma non mi vedono. Non apprezzano che io fatichi per parlare la loro lingua, anzi, questo li infastidisce. A volte, quando parlo italiano in Italia, mi sento rimproverata, come un bambino che tocca un oggetto che non va toccato. «Non toccare la nostra lingua» alcuni italiani sembrano dirmi. «Non appartiene a te.»

Imparare una lingua straniera è il modo essenziale per integrarsi con gente nuova in un nuovo Paese. Rende possibile un rapporto. Senza la lingua non ci si può sentire una presenza legittima, rispettata. Si rimane senza voce, senza potere. Non si trova, nel muro, alcuna fessura, alcun punto di entrata. So che se rimanessi in Italia per il resto della mia vita, anche se riuscissi a parlare italiano in modo forbito, irreprensibile, resterebbe, per me, questo muro. Penso a chi è nato e cresciuto in Italia, che considera l'Italia la sua patria, che parla l'italiano perfettamente, ma che sembra, agli occhi di alcuni italiani, «straniero».

Mio marito si chiama Alberto. Per lui, basta stendere la mano, basta dire: «Piacere, sono Alberto». Grazie al suo aspetto, grazie al nome, tutti pensano che sia italiano. Quando faccio io la stessa cosa, le stesse persone dicono: «*Nice to meet you*». Quando continuo a parlare in italiano, mi chiedono: «Ma come mai parli così bene l'italiano?» E devo fornire una spiegazione, devo dire il perché. Il fatto che parli italiano sembra loro una cosa insolita. Nessuno rivolge la stessa domanda a mio marito.

Una sera, sto per presentare il mio ultimo romanzo in una libreria a Roma, nel quartiere Flaminio. Sono preparata a dialogare con una mia amica italiana – una scrittrice anche lei – su vari spunti letterari. Prima che inizi la presentazione, un uomo, che io e mio marito abbiamo appena conosciuto, mi chiede se farò la presentazione in inglese. Quando gli rispondo, in italiano, che intendo farla in italiano, mi chiede se ho imparato la lingua da mio marito.

In America, sebbene io parli l'inglese come una madrelingua, pur essendo considerata una scrittrice americana, incontro lo stesso muro, ma per motivi diversi. Ogni tanto, a causa del mio nome, del mio aspetto, qualcuno mi chiede come mai ho scelto di scrivere in inglese piuttosto che nella mia lingua madre. Chi mi incontra per la prima volta – quando mi vede, poi impara il nome, poi sente la maniera in cui parlo inglese – mi chiede da dove vengo. Devo giustificare la lingua in cui parlo, anche se la conosco alla perfezione. Se non parlo, anche tanti americani credono che io sia una straniera. Mi ricordo un tizio, un giorno, per strada, che voleva darmi un volantino pubblicitario. Stavo tornando da una biblioteca a Boston; all'epoca stavo scrivendo la mia tesi di dottorato sulla letteratura inglese del diciassettesimo secolo. Quando ho rifiutato di prendere il volantino, il tizio mi ha gridato: «*What the fuck is your pro-blem, can't speak English?*»

Non posso evitare il muro neanche in India, a Calcutta, nella città della mia cosiddetta lingua madre. Lì, a parte i miei parenti che mi conoscono da sempre, quasi tutti pensano che io, nata e cresciuta fuori dall'India, parli solo inglese, o che capisca appena il bengalese. Nonostante il mio aspetto e il nome indiano, si rivolgono a me in inglese. Quando rispondo in bengalese, esprimono la stessa sorpresa di certi italiani, di certi americani. Nessuno, da nessuna parte, dà per scontato che io parli le lingue che sono una parte di me.

Sono una scrittrice: mi identifico a fondo con la lingua, lavoro con essa. Eppure il muro mi tiene a distanza, mi separa. Il muro è qualcosa di inevitabile. Mi circonda ovunque vada, per cui mi chiedo se forse il muro non sia io.

Scrivo per rompere il muro, per esprimermi in modo puro. Quando scrivo non c'entra il mio aspetto, il mio nome. Vengo ascoltata senza essere vista, senza pregiudizi, senza filtro. Sono invisibile. Divento le mie parole, e le parole diventano me.

Quando scrivo in italiano devo accettare un secondo muro, altissimo, ancora più ermetico: il muro della lingua in sé. Ma dal punto di vista creativo questo muro linguistico, per quanto esasperante, m'interessa, mi ispira.

Un ultimo esempio: un giorno a Roma vado a pranzo con il mio editore italiano e sua moglie all'Hotel d'Inghilterra. Parliamo della pubblicazione del mio ultimo romanzo in Italia, e di cosa sto scrivendo ora, del mio desiderio di scrivere qualcosa sul mio rapporto con la lingua italiana. Parliamo di Anna Maria Ortese e di altri autori italiani che mi piacerebbe tradurre. Il mio editore mi sembra entusiasta di questi nuovi progetti che ho in mente. Dice che quel che vorrei fare – scrivere, per il momento, in italiano – gli sembra una buona idea.

Dopo pranzo, nella vetrina di un negozio di scarpe e borse in via del Corso, vedo qualcosa di bello. Entro nel negozio. Questa volta non dico nulla. Taccio. Ma la commessa, vedendomi, chiede subito: «*May I help you?*» Quattro parole garbate che, ogni tanto in Italia, mi spezzano il cuore.

Il triangolo

Vorrei soffermarmi sulle tre lingue che conosco. A questo punto mi serve un resoconto del mio rapporto con ciascuna, e dei collegamenti tra loro.

Il primo idioma della mia vita è stato il bengalese, tramandato dai miei genitori a me. Per quattro anni, finché non sono andata a scuola in America, è stata la mia lingua principale, in cui mi sono sentita a mio agio, anche se sono nata e cresciuta in Paesi in cui mi circondava un'altra lingua: l'inglese. Il mio primo incontro con l'inglese è stato duro, sgradevole: quando sono stata mandata all'asilo sono rimasta traumatizzata. Mi era difficile fidarmi delle maestre e fare amicizie, perché dovevo esprimermi in una lingua che non parlavo, che conoscevo a malapena, che mi sembrava estranea. Volevo soltanto tornare a casa, alla lingua in cui ero conosciuta, ero amata.

Qualche anno dopo, però, il bengalese ha fatto un passo indietro, quando sono diventata una lettrice. Avevo sei o sette anni. Da allora la mia lingua madre non è stata più capace, da sola, di crescermi. In un certo senso è morta. È arrivato l'inglese, una matrigna.

Sono diventata una lettrice appassionata per conoscere la matrigna, per decifrarla, per soddisfarla. Eppure la lingua madre rimaneva un fantasma esigente, ancora presente. I miei genitori volevano che io parlassi soltanto il bengalese con loro e con tutti i loro amici. Se parlavo inglese a casa mi rimproveravano. La parte di me che parlava inglese, che andava a scuola, che leggeva e scriveva, era un'altra persona.

Non riuscivo a identificarmi con nessuna delle due. Una era sempre celata dietro l'altra, ma mai completamente, così come la luna piena può nascondersi quasi tutta la notte dietro una massa di nuvole per poi emergere di colpo, abbagliante. Nonostante parlassi soltanto il bengalese con i miei, c'era sempre l'inglese nell'aria, per la strada, sulle pagine dei miei libri. D'altro canto, ogni giorno, dopo aver parlato in inglese per parecchie ore in aula, tornavo a casa, un luogo dove l'inglese non c'era. Mi rendevo conto di dover parlare entrambe le lingue benissimo: l'una per compiacere i miei genitori, l'altra per sopravvivere all'America. Restavo sospesa, combattuta tra queste due lingue. L'andirivieni linguistico mi scompigliava; mi

sembrava una contraddizione che non potevo ri-
solvere.

Non andavano d'accordo, queste due mie lingue. Mi sembravano avversarie incompatibili, l'u-
na insofferente all'altra. Pensavo che non avessero
nulla in comune tranne me, per cui mi sentivo una
contraddizione in termini anch'io.

Per la mia famiglia l'inglese rappresentava una
cultura straniera alla quale non voleva arrendersi.
Il bengalese rappresentava la parte di me che apparteneva ai miei genitori, che non apparteneva
all'America. Nessuna mia maestra a scuola, nessuna mia amica è stata mai incuriosita dal fatto che
io parlassi un'altra lingua. Non lo apprezzavano,
non mi chiedevano niente. Non gli interessava,
come se quella parte di me, quella capacità, non
ci fosse. Così come l'inglese per i miei genitori, il
bengalese, per gli americani che conoscevo da
ragazza, rappresentava una cultura remota, sconosciuta, sospetta. O forse in realtà non rappresentava niente. A differenza dei miei, che cono-
scevano bene l'inglese, gli americani erano del
tutto inconsapevoli della lingua che parlavamo a
casa. Per loro il bengalese era qualcosa che pote-
vano tranquillamente ignorare.

Più leggevo e imparavo in inglese più mi identi-
ficavo, da ragazza, con esso. Cercavo di essere co-

me le mie amiche, che non parlavano nessun'altra lingua. Che avevano, secondo me, una vita normale. Mi vergognavo di dover parlare in bengalese davanti alle mie compagne americane. Odiavo sentire mia madre al telefono se mi capitava di essere da una mia amica. Volevo occultare, quanto più possibile, il mio rapporto con quella lingua. Volevo negarlo.

Mi vergognavo di parlare bengalese, e al contempo mi vergognavo di provare vergogna. Non era possibile parlare in inglese senza avvertire un distacco dai miei genitori, senza provare una sensazione inquietante di separazione. Parlando in inglese, mi trovavo in uno spazio in cui mi sentivo isolata, in cui non ero più sotto la loro protezione.

Vedevo le conseguenze del non parlare l'inglese alla perfezione, di parlarlo con un accento straniero. Vedevo il muro che i miei genitori affrontavano quasi ogni giorno in America. Era una loro insicurezza persistente. Dovevo spiegare il significato di alcuni termini a loro, come se fossi io il genitore. A volte parlavo per loro. Nei negozi americani i commessi tendevano a rivolgersi a me, semplicemente perché non avevo, in inglese, un accento straniero. Come se mio padre e mia madre, con il loro accento, non potessero capire. Detestavo l'atteggiamento di quei commessi nei confronti dei miei genitori. Volevo difenderli. Avrei voluto protestare: «Loro capiscono tutto quello che dite, mentre voi non siete capaci di capire nemmeno una parola né del bengalese né di nessun'altra lingua al mondo». Eppure dava fastidio anche a me se i miei pronunciavano una parola inglese in modo sbagliato. Li correggevo, impertinente. Non volevo che fossero vulnerabili. Non mi piaceva il mio vantaggio, il loro svantaggio. Avrei voluto che parlassero l'inglese esattamente come me.

Ho dovuto giostrarmi tra queste due lingue finché, a circa venticinque anni, non ho scoperto l'italiano. Non c'era alcun bisogno di imparare questa lingua. Nessuna pressione familiare, culturale, sociale. Nessuna necessità.

L'arrivo dell'italiano, il terzo punto sul mio percorso linguistico, crea un triangolo. Crea una forma anziché una linea retta. Un triangolo è una struttura complessa, una figura dinamica. Il terzo punto cambia la dinamica di questa vecchia coppia litigiosa. Io sono figlia di quei punti infelici, ma il terzo non nasce da loro. Nasce dal mio desiderio, dalla mia fatica. Nasce da me.

Credo che studiare l'italiano sia una fuga dal lungo scontro, nella mia vita, tra l'inglese e il bengalese. Un rifiuto sia della madre sia della matrigna. Un percorso indipendente.

Dove mi porta, questo nuovo tragitto? Dove finisce la fuga, e quando? Dopo essere fuggita, cosa farò? In realtà non è una fuga nel senso stretto della parola. Pur fuggendo, mi accorgo che sia l'inglese sia il bengalese mi affiancano. Così come in un triangolo, un punto conduce inevitabilmente all'altro.

L'inglese e l'italiano sembrano i punti più vicini. Avendo in comune molte parole di origine latina, condividono un certo territorio. Inutile dire che mi capita spesso in italiano di incontrare una parola che conosco già grazie all'equivalente inglese. Non posso negare che la mia comprensione dell'inglese mi aiuti. Ma può anche ingannarmi. Ogni tanto penso di capire il significato di una parola in italiano grazie alla radice latina, ma quando devo definirla mi sbaglio, e mi rendo conto di non aver imparato bene il significato neanche in inglese. La mia comprensione dell'italiano più cresce, più svela una debolezza anche in inglese. Il processo approfondisce la mia comprensione di entrambe le lingue, per cui la fuga mi sembra anche un ritorno.

Al di là della comune radice indoeuropea, il bengalese e l'italiano sembrano due punti molto più distanti di quanto siano l'italiano e l'inglese. Hanno, per quanto ne sappia, solo una parola dal significato in comune: *gola*. In bengalese si dice *chi* per *che*, e *che* per significare *chi*. Sono sciocchezze. Eppure il bengalese mi aiuta in un altro modo. Grazie al fatto che sono cresciuta parlando bengalese, non parlo l'italiano con un accento anglofono. Per quanto riguarda la pronuncia dell'italiano, ho una lingua già adattata, condizionata. Riconosco tutte le consonanti, le vocali, i dittonghi italiani; li trovo naturali. Dal punto di vista fonetico, trovo il bengalese molto più vicino all'italiano rispetto all'inglese. Devo ammettere, dunque, che in questa fuga, per certi versi, anche il bengalese mi accompagna, mi aiuta.

Da dove viene l'impulso di introdurre una terza lingua nella mia vita, di creare questo triangolo? Come appare? È un triangolo equilatero, o no?

Se lo disegnassi userei una penna per rendere il lato inglese, una matita per gli altri due. L'inglese rimane la base, il lato più stabile, fisso. Il bengalese e l'italiano sono entrambi più deboli, indistinti. L'uno ereditato, l'altro adottato, voluto. Il bengalese è il mio passato, l'italiano, magari, una nuova stradina nel futuro. La mia prima lingua è la mia origine, l'ultima, il traguardo. In entrambe mi sento una bambina, un po' goffa.

Temo che i lati a matita possano sparire, così come un disegno può essere cancellato da una gomma. Il bengalese sarà portato via quando non ci saranno più i miei genitori. È una lingua che loro personificano, che loro incarnano. Quando saranno morti, cesserà di essere fondamentale nella mia vita.

L'italiano resta una lingua esterna. Potrebbe sparire anche quella, soprattutto quando dovrò lasciare l'Italia, se non continuerò a coltivarla.

L'inglese rimane il presente: permanente, indelebile. La matrigna non mi abbandona. Per quanto sia una lingua imposta, mi ha regalato una voce pulita, corretta, per sempre.

Penso che questo triangolo sia una specie di cornice. E che questa cornice contenga il mio autoritratto. La cornice mi definisce, ma cosa contiene?

Per tutta la mia vita ho voluto vedere, dentro la cornice, qualcosa di specifico. Volevo che dentro la cornice ci fosse uno specchio capace di riflettere un'immagine precisa, nitida. Volevo vedere una persona integra anziché frammentata. Ma questa persona non c'era. Per colpa della mia doppia identità vedevo solo oscillazione, distorsione, dissimulazione. Vedevo qualcosa di ibrido, di sfocato, di sempre confuso.

Penso che non poter vedere un'immagine specifica dentro la cornice sia il rovello della mia vita. L'assenza dell'immagine che cercavo mi pesa. Ho paura che lo specchio non rifletta altro che un vuoto, che non rifletta nulla.

Vengo da questo vuoto, da questa incertezza. Credo che il vuoto sia la mia origine e anche il mio destino. Da questo vuoto, da tutta questa incertezza, viene l'impulso creativo. L'impulso di riempire la cornice.

La metamorfosi

Poco prima che iniziassi a scrivere queste riflessioni ho ricevuto un'email da un mio amico a Roma, lo scrittore Domenico Starnone. Riferendosi al mio desiderio di appropriarmi dell'italiano, ha scritto: «Una lingua nuova è quasi una vita nuova, grammatica e sintassi ti rifondono, scivoli dentro un'altra logica e un altro sentimento». Quanto mi hanno rinfrancato queste parole. Sembravano echeggiare il mio stato d'animo dopo essere arrivata a Roma e dopo aver cominciato a scrivere in italiano. Contenevano tutta la mia smania, tutto il mio spaesamento. Leggendo questo messaggio, ho capito meglio il desiderio di esprimermi in una nuova lingua: riuscire a sottopormi, da scrittrice, a una metamorfosi.

Nello stesso periodo in cui ho ricevuto questo messaggio, qualcuno mi ha chiesto, durante un'intervista, quale fosse il mio libro preferito. Ero a Londra, su un palco con cinque altri scrittori. Di solito mi secca, questa domanda: non esiste, per

119

me, nessun libro definitivo, perciò non so mai come rispondere. Questa volta, però, sono riuscita a rispondere senza alcuna esitazione che il mio libro preferito era *Le metamorfosi* di Ovidio. Lo considero un testo maestoso, un poema che riguarda tutto, che rispecchia tutto. L'ho letto per la prima volta venticinque anni fa, in latino. Ero una studentessa universitaria negli Stati Uniti. È stato un incontro indimenticabile, forse la lettura più soddisfacente della mia vita. Per raggiungere questo poema ho dovuto ostinarmi, traducendo ogni parola. Ho dovuto dedicarmi a una lingua straniera, antica, esigente. Eppure la scrittura di Ovidio mi ha conquistata, ne sono rimasta ammaliata. Ho scoperto un'opera sublime, in un linguaggio vivo, trascinante. Come ho già detto, credo che leggere in una lingua straniera sia il modo più intimo di leggere.

Mi ricordo come se fosse ieri il momento in cui Dafne, la ninfa, si trasforma in un albero di alloro. Sta fuggendo da Apollo, il dio incalzante che la desidera. Lei vorrebbe restare sola, casta, dedita, come la vergine Diana, al bosco e alla caccia. La ninfa, stremata, incapace di sfuggire al dio, supplica suo padre Peneo, una divinità fluviale, di aiutarla. Scrive Ovidio: «Ha appena finito questa preghiera, che un pesante torpore le pervade le membra, il tenero petto si fascia di una fibra sottile, i capelli si allungano in fronde, le braccia in rami; il piede, poco prima così veloce, resta inchiodato da pigre radici, il volto svanisce in una cima». Quando Apollo poggia la mano sul tronco di quest'albero «sente il petto trepidare ancora sotto la corteccia fresca».

La metamorfosi è un processo sia violento che rigenerativo, sia una morte che una nascita. Non è chiaro dove finisca la ninfa e dove inizi l'albero; il bello di questa scena è che raffigura la fusione di due elementi, di entrambi gli esseri. Si vedono, una accanto all'altra, le parole che descrivono sia Dafne che l'albero (nel testo latino *frondem/crines, ramos/bracchia, cortice/pectus*). La contiguità di queste parole, una giustapposizione letterale, rinforza lo stato di contraddizione, di intrecciamento. Ci dà una duplice impressione, spiazzante. Esprime il concetto nel senso mitico, direi primordiale, di essere due cose allo stesso tempo. Di essere qualcosa di indistinto, di ambiguo. Di avere una doppia identità.

Finché non si è trasmutata, Dafne corre per salvarsi la vita. Adesso sta ferma, non riesce più a muoversi. Apollo può toccarla ma non può possederla. Per quanto sia crudele, la metamorfosi è la sua salvezza. Da un lato perde la sua indipendenza. Dall'altro, come albero, si ferma per sempre nel bosco, il luogo che le è proprio, in cui si gode un altro tipo di libertà.

Come ho detto prima, penso che la mia scrittura in italiano sia una fuga. Sviscerando la mia metamorfosi linguistica, mi rendo conto che sto cercando di allontanarmi da qualcosa, di emanciparmi. Dopo aver scritto in italiano per quasi due anni mi sento già trasformata, quasi rinata. Ma il cambiamento, questa nuova apertura, costa: come Dafne, anch'io mi trovo inchiodata. Non riesco a muovermi come prima, nello stesso modo in cui ero abituata a muovermi in inglese. Ora una nuova lingua, l'italiano, mi copre come una specie di corteccia. Resto dentro: rinnovata, incastrata, sollevata, scomoda.

Come mai sto fuggendo? Cosa m'insegue? Chi vorrebbe trattenermi?

La risposta più ovvia sarebbe: la lingua inglese. Ma ritengo che non sia tanto l'inglese in sé quanto tutto ciò che ha simboleggiato per me. Per quasi tutta la mia vita ha rappresentato una lotta estenuante, un conflitto struggente, un continuo senso di fallimento da cui deriva quasi tutta la mia angoscia. Ha rappresentato una cultura da dover scalare, da interpretare. Temevo che rappresentasse una spaccatura tra me e i miei genitori. L'inglese significa un aspetto del mio passato pesante, ingombrante. Ne sono stanca.

Eppure, ne ero innamorata. Sono diventata una scrittrice in inglese. E poi, in modo piuttosto precipitoso, sono diventata una scrittrice famosa. Ho ricevuto un premio che ero convinta di non meritare, che mi sembrava uno sbaglio. Per quanto sia stato un onore, ne sono rimasta insospettita. Non sono riuscita a unirmi a quel riconoscimento, che ha cambiato la mia vita. Da allora in poi sono stata considerata un'autrice di successo, per cui ho smesso di sentirmi un'apprendista, sconosciuta, quasi anonima. Tutta la mia scrittura scaturisce da un luogo nel quale mi sento invisibile, inaccessibile. Ma un anno dopo la pubblicazione del mio primo libro ho perso il mio anonimato.

Scrivendo in italiano, penso di fuggire sia i miei fallimenti nei confronti dell'inglese sia il mio successo. L'italiano mi offre un percorso letterario ben diverso. In quanto scrittrice posso smantellarmi, posso ricostruirmi. Posso radunare parole e lavorare alle frasi senza mai essere considerata un'esperta. Fallisco per forza quando scrivo in italiano, ma a differenza del mio senso di fallimento nel passato, non ne resto tormentata, amareggiata.

Se dico che ora sto scrivendo in una nuova lingua, molti reagiscono male. Negli Stati Uniti, alcuni mi consigliano di non farlo. Dicono che non vogliono leggermi tradotta da una lingua straniera. Non vogliono che io cambi. In Italia, anche se tanti mi incoraggiano a fare questo passo e mi sostengono, mi viene chiesto tuttavia come mai io abbia voglia di scrivere in una lingua letta, nel mondo, molto meno di quanto lo sia l'inglese. Alcuni dicono che la mia rinuncia all'inglese potrebbe essere rovinosa, che la mia fuga potrebbe condurmi in una trappola. Non capiscono la ragione per cui voglio correre un tale rischio.

Non mi stupiscono, le loro reazioni. Una trasformazione, soprattutto se è voluta, cercata, è spesso percepita come qualcosa di sleale, di minaccioso. Sono figlia di una madre che non ha voluto mai cambiare se stessa. Continuava negli Stati Uniti, il più possibile, a vestirsi, comportarsi, mangiare, pensare, vivere come se non avesse mai lasciato l'India, Calcutta. Il rifiuto di modificare il suo aspetto, le sue abitudini, i suoi atteggiamenti, era la sua strategia per resistere alla cultura americana, soprattutto per combatterla, per mantenere la sua identità. Diventare o perfino somigliare a un'americana avrebbe significato una sconfitta totale. Quando torna a Calcutta, mia madre si sente orgogliosa perché, anche se ha passato quasi cinquant'anni lontano dall'India, sembra una che è sempre rimasta lì.

Io sono il contrario. Mentre il rifiuto di cambiare era la ribellione di mia madre, la voglia di trasformarmi è la mia. «C'era una donna... che voleva essere un'altra persona»: non è un caso che *Lo scambio*, il mio primo racconto in italiano, inizi con questa frase. Per tutta la vita ho provato ad allontanarmi dal vuoto della mia origine. Era il vuoto che mi sgomentava, da cui fuggivo. Ecco perché non ero mai soddisfatta di me. Alterare me stessa sembrava l'unica soluzione. Scrivendo, ho scoperto un modo di nascondermi nei miei personaggi, di eludermi. Di sottopormi a una mutazione dopo l'altra.

Si potrebbe dire che il meccanismo metamorfico sia l'unico elemento della vita che non cambia mai. Il percorso di ogni individuo, di ogni Paese, di ogni epoca storica, dell'universo intero e tutto ciò che contiene, non è altro che una serie di mutamenti, a volte sottili, a volte profondi, senza i quali resteremmo fermi. I momenti di transizione, in cui qualcosa si tramuta, costituiscono la spina dorsale di tutti noi. Che siano una salvezza o una perdita, sono i momenti che tendiamo a ricordare. Danno un'ossatura alla nostra esistenza. Quasi tutto il resto è oblio.

Credo che il potere dell'arte sia il potere di svegliarci, di colpirci fino in fondo, di cambiarci. Cosa cerchiamo leggendo un romanzo, guardando un film, ascoltando un brano di musica? Cerchiamo qualcosa che ci sposti, di cui non eravamo consapevoli, prima. Vogliamo trasformarci, così come il capolavoro di Ovidio ha trasformato me.

Nel mondo animale una metamorfosi è qualcosa di previsto, di naturale. Vuol dire un passaggio biologico, fasi specifiche che conducono, alla fine, a uno sviluppo completo. Quando un bruco si è trasformato in farfalla non c'è più un bruco ma una farfalla. L'effetto della metamorfosi è radicale, permanente. Avendo perso la vecchia forma, ne assume una nuova, irriconoscibile. Rispetto alla creatura precedente ha nuovi tratti fisici, una nuova bellezza, nuove capacità.

Una metamorfosi totale non è possibile nel mio caso. Posso scrivere in italiano ma non posso diventare una scrittrice italiana. Nonostante io scriva questa frase in italiano, la parte di me condizionata a scrivere in inglese resta. Penso a Fernando Pessoa, che ha inventato quattro versioni di se stesso: quattro autori separati, distinti, grazie ai quali è riuscito a oltrepassare i confini di sé. Forse quello che sto facendo, tramite l'italiano, somiglia più alla sua tattica. Non è possibile diventare un'altra scrittrice, ma forse sarebbe possibile esserne due.

Curiosamente, mi sento più protetta quando scrivo in italiano, anche se sono molto più esposta. È vero che una nuova lingua mi copre, ma a differenza di Dafne ho una protezione permeabile, mi trovo quasi senza pelle. Sebbene mi manchi una corteccia spessa, sono, in italiano, una scrittrice indurita, che cresce diversamente, radicata di nuovo.

Sondare

Tra il 1948 e il 1950, gli ultimi due anni della sua vita, Cesare Pavese, in quanto collaboratore della casa editrice Einaudi, scrive una serie di lettere a Rosa Calzecchi Onesti, ormai famosa per le sue innovative traduzioni dell'*Iliade* e dell'*Odissea*. Tramite una fitta e vivace corrispondenza fra Torino e Cesena, Pavese, che non conosce la traduttrice di persona, la spinge a rendere Omero in maniera fedele ma moderna in italiano, e a puntare a un linguaggio meno arcaico, più piano. Leggendo con scrupolo, confrontando meticolosamente la traduzione con il testo originale, esaminando tutto con cura, Pavese reagisce a ogni canto, ogni riga, ogni immagine, ogni parola. Le sue lettere sono zeppe di suggerimenti, ritocchi, opinioni. Interviene con schiettezza, ma sempre in modo rispettoso, cordiale. Tra le proposte in un lungo elenco: «Insisterei per *bellissima* invece di *eletta per bellezza* che dà un inutile tono 'sublime'»; «Meglio che *uccisore d'uomini* mi pare as-

sassino»; «*Del mare* che io faccio *marino*». Di tanto in tanto condivide pienamente una scelta di Calzecchi Onesti; per quanto riguarda il classico epiteto omerico, *il mare colore del vino*, scrive: «Sono d'accordo per il mare cupo. Via il vino».

Pavese e Calzecchi Onesti fanno quello che fanno tutti gli scrittori al mondo, e chiunque si occupi di scrittura: cercano di trovare la parola giusta, di selezionare alla fine quella più azzeccata, ficcante. Si tratta di passare al setaccio, un processo estenuante, a volte esasperante. Chi scrive non può evitarlo. Il cuore del mestiere risiede qui.

Le lettere di Pavese svelano una conoscenza possente, intima della propria lingua. Come scrittrice miro a fare come lui, ma posso farlo solo in inglese. Non posso tuffarmi nell'italiano con la stessa profondità. Posso sperare di scrivere in modo corretto, optare per una parola alternativa. Ma non possiedo un vocabolario vissuto, stagionato fin dall'infanzia. Non posso scrutare l'italiano con la stessa precisione. Non posso valutare un testo italiano, nemmeno scritto da me, dalla stessa prospettiva.

Tuttavia, l'impulso di scovare la parola giusta resta irrefrenabile, per cui, perfino in italiano, ci provo. Controllo il dizionario dei sinonimi, sfoglio il taccuino. Infilo un nuovo vocabolo, appena letto la mattina sul giornale. Ma spesso i miei primi lettori scuotono la testa, dicendo semplicemente: «Non suona». Dicono che la parola che vorrei usare è considerata ormai datata, che appartiene a un registro o troppo basso o troppo raffinato, che suona o leziosa o troppo colloquiale (così ho imparato l'aggettivo *aulico*). Dicono che l'ordine delle parole non è autentico, che la punteggiatura non funziona. Non c'entra, necessariamente, la correttezza. Dicono che un italiano non si esprimerebbe così.

Devo ascoltare quei lettori, devo seguire il loro consiglio. Devo togliere la parola scorretta o sbagliata e cercarne un'altra. Non posso difendere la mia scelta: non si può contraddire un madrelingua. Devo accettare che in italiano sono parzialmente sorda e cieca, per cui temo di essere una scrittrice spuria.

Ho ormai un vocabolario ampio, ma rimane qualcosa di strampalato. Mi sento vestita in modo strambo, come se portassi una lunga gonna elegante di un'altra epoca, una maglietta sportiva, un cappello di paglia e un paio di ciabatte. Questo effetto sgraziato, questi toni scombinati potrebbero essere la conseguenza della distanza, fin dall'inizio, tra me e l'italiano: l'aver assorbito la lingua per anni da lontano, da varie fonti, prima di aver vissuto in Italia. Per due anni sono riuscita a imparare la lingua in modo agevole, quotidianamente. Ma ora che leggo in italiano, il mio lessico è anche plasmato da un amalgama di scrittori di varie epoche storiche che scrivono in diversi stili. Sui miei taccuini elenco le parole di Manganelli, Verga, Elena Ferrante, Leopardi, senza fare alcuna distinzione. Diceva Beckett che scrivere in francese gli permetteva di scrivere senza stile. Da un lato sono d'accordo: si potrebbe dire che la mia scrittura in italiano sia una specie di pane sciapo. Funziona, ma il solito sapore non c'è.

Dall'altro lato, credo che ci sia uno stile, almeno un carattere. La lingua mi sembra una cascata. Non mi serve ogni goccia, eppure continuo ad avere sete. Sospetto, dunque, che il problema non sia la mancanza di stile ma forse una sovrabbondanza dalla quale mi sento ancora travolta. Ciò che mi manca in italiano è una vista acuta, per cui non riesco a limare uno stile specifico. Per di più non riesco a coglierlo. Se mi capita di formulare una bella frase in italiano, non riesco a capire esattamente perché è bella.

Resto, in italiano, una scrittrice inconsapevole, consapevole solo di essere camuffata. In realtà mi sento una bambina che si intrufola nell'armadio della madre per mettersi le scarpe coi tacchi, un vestito da sera, gioielli preziosi, una pelliccia. Temo di essere colta sul fatto, di essere rimproverata, rimandata in camera mia. «Devi aspettare» direbbe mia madre. «Questa roba è troppo grande per te.» Ha ragione lei. Non riesco a camminare con disinvoltura nelle sue scarpe. La collana mi pesa, inciampo nell'orlo del vestito. Dentro la pelliccia, per quanto sia elegante, sudo.

Come la marea il mio lessico s'innalza e si abbassa, viene e se ne va. Le parole aggiunte ogni giorno sul taccuino sono labili. Impiego un'ora per scegliere quella giusta, ma poi, spesso, la dimentico. Ormai quando incontro una parola sconosciuta in italiano conosco già un paio di termini, sempre in italiano, per esprimere la stessa cosa. Per esempio, di recente ho imparato *accantonare*, conoscendo già *rinviare* e *sospendere*. Ho scoperto *travalicare*, conoscendo già *oltrepassare* e *superare*. Ho sottolineato *tracotante*, conoscendo già *arrogante* e *prepotente*. Poco tempo fa ho acquisito *azzeccato* e *ficcante*; prima avrei usato *adatto*, *appropriato*.

Faccio del mio meglio per colpire il bersaglio, ma quando prendo la mira, non si sa dove arriverà la freccia. Almeno cento volte mentre scrivevo i capitoli di questo libro mi sono sentita talmente demoralizzata, talmente affranta che avrei voluto smettere di farlo. In quei momenti tenebrosi la mia scrittura italiana non mi è sembrata altro che un'impresa folle, una salita troppo ripida. Se voglio continuare a scrivere in italiano devo resistere a quei momenti burrascosi in cui il cielo si scurisce, in cui mi dispero, in cui temo di non poterne più.

Invidio Pavese, la sua capacità di sondare l'italiano fino al fondo. Ma penso anch'io di aver fatto un sondaggio attraverso queste riflessioni. Indagando la mia scoperta della lingua, penso di aver fatto un'indagine su di me. Il verbo *sondare* vuol dire *esplorare, esaminare*. Vuol dire, letteralmente, *misurare la profondità* di qualcosa. Secondo il mio dizionario questo verbo significa « cercare di conoscere, di capire qualcosa, in particolare i pensieri e le intenzioni di altri ». Implica distacco, incertezza; implica uno stato di immersione. Significa ricerca, metodica e accanita, di qualcosa che resta sempre fuori portata. Un verbo azzeccato che spiega alla perfezione questo mio progetto.

L'impalcatura

Ho concepito e scritto questo libro in una biblioteca nel ghetto di Roma. Quando sono venuta in
questa città per la prima volta, più di dieci anni fa,
è stato il primo quartiere che ho scoperto. Resta il
mio preferito. Non dimenticherò mai l'emozione
di vedere il portico di Ottavia, a poca distanza
dall'appartamento che avevamo preso in affitto
per una settimana. Mi colpì talmente che dopo
esser tornata a New York scrissi, in inglese, un
racconto ambientato nel ghetto, in cui descrivevo
i resti del portico: «Le colonne smangiate e cir-
condate dalle impalcature, il frontone massiccio al
quale mancavano porzioni significative». All'epoca questo complesso antico, danneggiato, fram-
mentato, rifatto varie volte, ancora in piedi, per
me incarnava il senso della città. Oggi mi dà la
metafora con cui vorrei chiudere questa serie di
pensieri.

Scrivo per sentirmi sola. Fin da ragazzina è
stato un modo di ritirarmi, di ritrovarmi. Mi ser-

vono il silenzio e la solitudine. Quando scrivo in inglese do per scontato di poterlo fare senza aiuto. Qualcuno può darmi un suggerimento, può indicare qualche problema. Ma per quanto riguarda il percorso linguistico, sono autosufficiente.

In italiano ho seguito un altro sentiero. Ero da sola nella biblioteca, è vero. Mentre scrivevo non c'era nessuno con me. Il mio unico compagno era un volume delle poesie e delle lettere di Emily Dickinson, la solitaria poetessa americana che trascorse tutta la vita nel Massachusetts, non lontano da dove sono cresciuta io. Un bel libro, rosso, tradotto in italiano, che aveva attirato per caso la mia attenzione tra tutti gli altri sugli scaffali della biblioteca. Spesso, prima di iniziare un nuovo pezzo, leggevo un poema o una delle lettere di Dickinson. È diventato, per me, una specie di rituale. Un giorno ho trovato queste righe: « Sento che sto navigando sull'orlo di uno spaventoso abisso, a cui non posso sfuggire e nel quale temo che la mia fragile barchetta presto scivoli se non ricevo aiuto dall'alto ». Sono rimasta folgorata. Scrivendo questi capitoli, mi sono sentita esattamente così.

Li ho scritti in ordine, uno dopo l'altro, come se fossero i compiti per le mie lezioni d'italiano. Per sei mesi, più o meno ogni settimana sono riuscita ad abbozzarne uno. Non ho mai affrontato un progetto di scrittura in maniera così metodica. Ho inviato la prima stesura al mio insegnante, il mio primo lettore. Durante le lezioni ci abbiamo lavorato insieme. È stato un processo rigoroso, nuovo sia per me sia per lui. Lui ha visto tutti gli errori grossolani, tutti i peccati mortali: «gli penso» invece di «ci penso», «sono chiesta» invece di «mi viene chiesto». All'inizio mi faceva una serie di appunti abbondanti, puntigliosi («Attenzione a non utilizzare troppi verbi sostantivati»; «*Mica* è troppo colloquiale»; «*Lasciarsi* alle spalle. *Lasciare* non è sbagliato ma è meno autentico»). Per il primo racconto, che era lungo meno di cinquecento parole, ha fatto trentadue note in fondo alla pagina. Mi ha dato parole in alternativa, mi ha corretto (e rimproverato) quando sbagliavo per l'ennesima volta un congiuntivo, un gerundio, un periodo ipotetico. Mi ha spiegato come l'inglese mi braccasse. Ha indicato, sempre con pazienza, quante volte una preposizione sbagliata rompeva le scatole.

Dopo aver preparato un testo più o meno pulito con l'insegnante, ho fatto vedere ogni pezzo a due lettrici, entrambe scrittrici. Loro mi hanno suggerito delle modifiche più sottili. Con loro ho analizzato il testo dal punto di vista tematico piuttosto che grammaticale, in modo da capire davvero quello che facevo. Mi hanno spiegato quale impatto avevano su di loro questi miei pensieri. Mi hanno sempre detto la cosa più importante che avevo bisogno di sentire: vai avanti.

La terza tappa, l'ultima, sono stati gli editor di «Internazionale», la rivista in cui questi testi sono comparsi per la prima volta, che mi hanno dato un'opportunità impagabile. Hanno capito il mio desiderio di esprimermi in una nuova lingua, hanno rispettato la stranezza del mio italiano, hanno accettato la natura, sperimentale, un po' claudicante, della scrittura. Lavorando insieme, abbiamo fatto gli ultimi ritocchi prima della pubblicazione, mettendo alla prova ogni frase, ogni parola. Grazie a loro sono riuscita a fare questo salto linguistico, creativo. Sono riuscita a raggiungere nuovi lettori italiani e, infine, a raggiungere una nuova parte di me.

Il giorno in cui è uscito il primo articolo, pur avendo un carattere abbastanza schivo, mi sono talmente emozionata che avrei voluto annunciare la notizia in mezzo alla piazza. Mi sono sentita così solo quando è stato pubblicato il mio primo racconto in inglese, più di vent'anni fa. Credevo, all'epoca, che sarei riuscita a provare quella gioia solo una volta nella vita.

Tutti i miei primi lettori mi hanno fornito uno specchio critico. Come ho detto prima, non sono capace di vedere con chiarezza ciò che scrivo in italiano. Ma più che altro questi lettori mi hanno sostenuta, come le impalcature sostengono tantissimi edifici a Roma, sia in rovina sia in costruzione.

Benché questo progetto sia stato una specie di collaborazione, scrivere in italiano mi lascia più isolata rispetto all'inglese. Ora mi sento estranea agli scrittori anglofoni con cui sono linguisticamente imparentata e sono per forza diversa da quelli italiani. Quando penso agli autori che hanno deciso, per vari motivi, di lavorare in una lingua straniera, non mi sento neanche un membro legittimo di quel gruppo. Beckett ha vissuto in Francia per decenni prima di scrivere in francese, Nabokov aveva imparato l'inglese da ragazzo, Conrad ha trascorso parecchio tempo sul mare, assorbendo l'inglese, prima di diventare uno scrittore anglofono anziché polacco. Quello che faccio io – osare scrivere in italiano dopo aver vissuto appena un anno in Italia – è diverso, fuori del comune, per cui provo una solitudine ancora più forte, quasi un'altra dimensione della solitudine. Mi chiedo se ci siano altri come me.

Un'impalcatura non è considerata una bella cosa. Costituisce, di solito, una specie di obbrobrio.

Interferisce, imbruttisce. Idealmente non dovrebbe esserci. Se mi capita di dover passare sotto un'impalcatura, preferisco attraversare la strada. Temo sempre che stia per stramazzare.

Nel caso del portico di Ottavia, però, faccio un'eccezione. Non ho mai visto il portico senza impalcatura, per cui ormai la considero permanente, naturale. Nonostante sia un'ostruzione, l'impalcatura aggiunge alla rovina un attributo commovente. Mi sembra un miracolo vedere le colonne, il frontone, restaurato e dedicato in età augustea. Mi stupisco che si possa camminare tranquillamente sotto questo complesso, a pezzi eppure ancora presente. Racconta il passare del tempo ma anche il suo azzeramento.

Quando la mia scrittura italiana viene pubblicata, l'impalcatura scompare. A parte certe parole, certe scelte che tradiscono il fatto che l'italiano non sia la mia lingua, non si vede ciò che mi puntella, che mi protegge. Ciò che nasconde la parte vulnerabile resta invisibile. Ma quest'assenza non è altro che un'illusione. Io sono consapevole sempre della mia impalcatura, senza la quale sarei crollata anch'io.

A differenza del portico di Ottavia la mia scrittura italiana, appena iniziata, non è ancora logora. Dubito che durerà per secoli. Ma l'impalcatura serve per lo stesso motivo: rafforzare un lavoro che potrebbe cadere. Non la trovo brutta. Forse un giorno non ce ne sarà più bisogno. Se riuscissi a sbarazzarmene e scrivere per conto mio, mi sentirei più indipendente. Ma la mia impalcatura, un gruppo di cari amici che mi hanno guidata e circondata, a cui lego una delle esperienze più straordinarie della mia vita, mi mancherà.

Penombra

Si sveglia disorientato, agitato da un sogno, accanto a sua moglie.

Anche nel sogno era accanto alla moglie. Sempre disorientato, agitato. Stavano guidando in campagna lungo una strada fiancheggiata da alberi e cespugli. C'era una luce indeterminata. Poteva essere o l'alba o il tramonto. Il cielo era pallido ma aveva una punta di rosa.

Il paesaggio evocava un vecchio quadro dipinto a olio: una scena rurale, spopolata, tenebrosa. Le chiome degli alberi sembravano una massa di nuvole che ingombravano il cielo, e i tronchi gettavano ombre sottili che li accompagnavano lungo un lato della strada.

La moglie era al volante. E mentre lei guidava lui era pieno di ansia, perché alla macchina, benché funzionasse, mancava tutta la carrozzeria. A parte il volante, i pedali, il cambio, non c'era nulla tra loro e la strada.

La moglie guidava come se non se ne fosse

accorta, oppure come se non ci fosse nessun pericolo, mentre l'assenza dell'involucro dell'auto e la prossimità della strada lo sgomentavano.

Gridò alla moglie di fermarsi. Ma come al solito nei sogni non aveva una voce. Erano andati avanti così, senza parlare, senza problemi, sempre lungo le ombre sottili degli alberi. Non c'era nessun ostacolo lungo la strada. Non avevano avuto nessun incidente, benché lui se lo aspettasse. Forse il dettaglio più inquietante del sogno era quello.

Ora è notte fonda e sua moglie dorme, ma per lui, appena tornato da un paio di mesi all'estero, è già mattino. Ha l'impulso di alzarsi e di iniziare la giornata. Appartiene ormai al ritmo quotidiano di un altro Paese dove il cielo è già azzurro, dove lui non c'è più.

Non riesce a dormire, eppure l'effetto del sogno lo stordisce. Teme che ci siano altre assenze, altre cose venute a mancare. Vuole controllare che ci sia ancora il pavimento sotto il letto, che la stanza abbia ancora quattro pareti.

Sua moglie rimane lì, alla sua sinistra, così come nel sogno. Vede le sue braccia nude, i suoi lineamenti illuminati dalla luna piena.

Anche la tavola, a cena, terminata poche ore fa, era stata piena. La moglie aveva organizzato una grande cena per festeggiare il suo rientro. Lui non aveva appetito, lo schiamazzo allegro attorno al tavolo gli dava fastidio. A quell'ora, dopo aver percorso una grande distanza, voleva solo andare a letto.

Invece era rimasto seduto al tavolo, raccontando agli ospiti, tutti loro cari amici, delle sue esperienze all'estero: il Paese in cui era stato, l'appartamento che aveva affittato, l'aspetto della città. Parlava della gente, e del loro carattere. Spiegava il lavoro che aveva fatto. A un certo punto, per soddisfare la curiosità di uno degli ospiti, aveva detto un paio di cose nella lingua straniera che aveva imparato, sentendosi, in quel momento, forestiero in casa propria.

Entra in cucina. Non c'è bisogno di accendere la luce, basta il bagliore della luna. Vede la scia spettacolare della cena: tutti i piatti e bicchieri sporchi, pentole e padelle unte, un vassoio gigantesco di ceramica in cui la moglie aveva servito un piatto squisito. La sera precedente avevano lasciato tutto così prima di andare a letto, lui perché era stanco, lei perché aveva bevuto un po' troppo.

Comincia a lavare le pentole, a grattare via gli avanzi ormai incrostati sui piatti, a risciacquare le posate. Riempie e accende la lavastoviglie. Mette tutto in ordine, toglie ogni traccia del festeggiamento.

Nella cucina ripulita si prepara il caffè, cerca del pane. Ha voglia di mangiarne una fetta: all'estero, nella cucina del suo appartamento, non c'era un tostapane, faceva una colazione diversa. Trova un pacchetto pieno di pane, infila una fetta nel tostapane. Ma non entra, c'è qualche ostacolo dentro la fessura. Poi vede che c'è già un'altra fetta lì dentro, secca, dura, fredda.

A chi appartiene questa fetta dimenticata, ancora intatta? La moglie non l'avrebbe lasciata lì. Ha smesso di mangiare questo tipo di pane, dice che ha un'intolleranza. Gli viene un sospetto, sbucato dal nulla, per cui avverte uno spavento ancora più agghiacciante che nel sogno. Si chiede se sua moglie abbia un amante, se la fetta trascurata appartenga a lui.

Vede sua moglie e un altro uomo in cucina, stanno facendo colazione la mattina precedente. Sarebbe stata la loro ultima colazione spensierata prima del suo rientro. Vede la moglie in vestaglia, serena, spettinata. Sta spalmando della marmellata su una fetta di pane per l'amante. Poi la scena si scioglie, il dubbio svanisce. Sa che non è cambiato nulla, e che la fetta appartiene a lui, così come la casa, la moglie che conosce da più di vent'anni. L'aveva preparata e poi aveva dimenticato di mangiarla quel mattino di due mesi fa, quando stava per partire. Succedeva spesso, è un uomo distratto.

Versa il caffè, spalma la nuova fetta tostata con il burro, poi con la marmellata. Fa colazione nel silenzio notturno, assoluto, finché non sente in lontananza, per qualche secondo, il rumore di una macchina che procede velocemente lungo la strada.

Non vuole raccontare il sogno a sua moglie, se ne vergogna. Il senso della strada tenebrosa, la macchina assente, le ombre sempre a un lato: gli pare troppo ovvio, perfino trasparente.

Torna a letto accanto a lei. La tiene tra le braccia anche se lei non se ne accorge. Poi pensa a un altro viaggio in macchina fatto molti anni prima: il loro viaggio di nozze, un mese intero trascorso sulla strada in un altro Paese straniero. Guidavano insieme ogni giorno, per quasi tutto il giorno, per girare la campagna di quel Paese. Si ricorda ancora la strada sconfinata, l'ebbrezza della velocità. Quando era giovane, sprovveduto, ancora in attesa di tutto, il percorso non gli sembrava una voragine.

Ora si rende conto del senso più profondo del sogno: lo stupore di aver trascorso una vita accanto alla stessa persona. Senza fermarsi, senza ostacoli, nonostante le ombre sempre a un lato, il pericolo. Ora vede quel primo viaggio, il loro principio, in penombra; preferisce la lucida verità del sogno. Solo che all'epoca, qualunque sogno fosse, l'avrebbe condiviso con lei.

Ringraziamenti

Ogni libro mi sembra un traguardo irraggiungibile finché non è ultimato, ma questo più di ogni altro. Non ce l'avrei fatta senza l'appoggio e l'attenzione di: Sara Antonelli, Luigi Brioschi, Raffaella De Angelis, Angelo De Gennaro, Giovanni De Mauro, Michela Gallio, Francesca Marciano, Alberto Notarbartolo e Pierfrancesco Romano.

Un ringraziamento particolare a Gabriella Giandelli per le sue illustrazioni delle puntate su «Internazionale», a Marco Delogu, la cui fotografia ha ispirato il racconto *Penombra*, e al Centro Studi Americani a Roma, luogo dell'anima.

INDICE

JHUMPA LAHIRI
LA MOGLIE

Nati in un sobborgo di Calcutta negli anni dell'indipendenza indiana, i fratelli Subhash e Udayan si somigliano al punto che perfino i parenti li confondono tra loro, ma sono anche l'uno l'opposto dell'altro: Subhash silenzioso e riflessivo, Udayan ribelle ed esuberante. Così, quando sul finire degli anni Sessanta nelle università bengalesi si diffonde la rivolta maoista, Udayan vi si getta anima e corpo; Subhash invece se ne tiene alla larga e preferisce partire per gli Stati Uniti. I loro percorsi sembrano divergere inesorabilmente: Subhash intraprende una tranquilla carriera di studioso, mentre Udayan sceglie di sposarsi per amore con Gauri, una giovane studentessa di filosofia. Poi la tragedia irrompe. Quando Subhash scopre cosa è accaduto a Udayan si sente in dovere di tornare a Calcutta per farsi carico della sua famiglia e di Gauri. Questa donna indipendente e forte, insieme alla bambina che porta in grembo, diventa il simbolo del legame indissolubile tra i due fratelli e assume un ruolo centrale in una storia travolgente di sentimenti e di abbandoni, di fughe e ritorni.

Fotocomposizione Editype S.r.l.
Agrate Brianza (MB)

Finito di stampare
nel mese di gennaio 2015
per conto della Ugo Guanda S.r.l.
da 🦁 Grafica Veneta S.p.A. di Trebaseleghe (PD)
Printed in Italy